Administração geral

COLEÇÃO ▪ PRÁTICAS DE GESTÃO

Série
Gestão

Administração geral

Vicente Riccio

FGV | EBAPE
EDITORA
IDE
• online

Copyright © 2012 Vicente Riccio

Direitos desta edição reservados à
Editora FGV
Rua Jornalista Orlando Dantas, 37
22231-010 I Rio de Janeiro, RJ I Brasil
Tels.: 0800-021-7777 I 21-3799-4427
Fax: 21-3799-4430
editora@fgv.br I pedidoseditora@fgv.br
www.fgv.br/editora

Impresso no Brasil I Printed in Brazil

*Todos os direitos reservados. A reprodução não autorizada desta publicação,
no todo ou em parte, constitui violação do copyright (Lei nº 9.610/98).*

Os conceitos emitidos neste livro são de inteira responsabilidade do(s) autor(es).

1ª edição — 2012; 1ª reimpressão — 2015.

Revisão de originais: Natalie Lima
Projeto gráfico e editoração eletrônica: Flavio Peralta / Estudio O.L.M.
Revisão: Fatima Caroni e Sandro Gomes
Capa: aspecto:design
Imagem de capa: © Andres Rodriguez I Dreamstime.com

Ficha catalográfica elaborada pela
Biblioteca Mario Henrique Simonsen/FGV

Riccio, Vicente

    Administração geral / Vicente Riccio. - Rio de Janeiro : Editora FGV, 2012.
    96 p. – (Coleção Práticas de gestão. Série Gestão)

    Inclui bibliografia.
    ISBN: 978-85-225-0977-5

    1. Administração. I. Fundação Getulio Vargas. II. Título. III. Série.

CDD – 658

Sumário

Apresentação 9

Capítulo 1. Principais conceitos e definições 11

Organização – objeto de estudo da administração 11
Características das organizações 12
Organizações complexas 13
Conceito e função da administração na estrutura organizacional 15
Como medir o desempenho da administração 15
Papel da administração 16
Papel do administrador 17
Diferentes níveis organizacionais 18
 Nível institucional 18
 Nível intermediário 19
 Nível operacional 19
Resumindo os três níveis organizacionais 19
Diferentes tipos de funções organizacionais 20
Responsabilidades funcionais e administrativas 22

Capítulo 2. Surgimento da administração 27

Nascimento da administração 27
Fonte de inspiração do taylorismo 28
Sociedade industrial 28
Segunda Revolução Industrial 29
Mudanças provocadas pela industrialização 30
Consolidação da burocracia 31
Princípios burocráticos 32
Teorias clássicas da administração 32
Taylor e a administração científica – a ênfase nas tarefas 33
Princípios da administração científica 34
Técnicas para viabilizar a administração científica 35
Princípios básicos da administração em Fayol 36
Weber e a teoria da burocracia 37
Diferentes tipos de autoridade 38

Afirmação da autoridade racional-legal 39
Ford e a linha de montagem 40
Fórmula do fordismo 40
Síntese da escola clássica da administração 41

Capítulo 3. Outras escolas de administração 43

Escola das relações humanas 43
Experiência de Hawthorne 44
Mayo e a nova filosofia da administração 45
Determinantes da produtividade 46
Abordagem estruturalista 47
Caráter abrangente do estruturalismo 47
Abordagem comportamentalista 49
Autores comportamentalistas 50
Resumo dos teóricos comportamentalistas 53
Teoria geral dos sistemas 54
Componentes e características de um sistema 55
Abordagem contingencial 57
Elementos centrais da teoria da contingência 58
Abordagem neoclássica 59
Administração por objetivos 59
Abordagem do desenvolvimento organizacional 61
Visão pragmática da administração 61
Abordagens da administração na década de 1980 62
Movimento da qualidade 62
Qualidade total 63
Principais teóricos da qualidade total 63
Resumo das proposições da qualidade total 64
Norma ISO 65
Modelo japonês e o toyotismo 65
Teorias administrativas na era da informação 66

Capítulo 4. Funções da administração 69

A história da Nike 69
Planejamento 71
Processo de planejamento 71
Resumo dos seis passos do planejamento 72
Tipos de planejamento 73

Planejamento estratégico 73
Características do planejamento estratégico 74
Etapas do planejamento estratégico 75
Elaboração do plano estratégico 76
Quem faz o planejamento estratégico 76
Planejamento tático 77
Tipos de planejamento tático 77
Planejamento operacional 78

   Procedimentos 78

   Orçamentos 79

   Programas 79

   Regulamentos 79

Organização 80
Organização nos três níveis organizacionais 81
Estrutura organizacional 82
Amplitude de controle 82
Organizações altas 82
Organizações achatadas 83
Centralização e descentralização 83
Liderança 85
Diferentes tipos de líder 85
Estilos de liderança 86
Papéis do líder de acordo com o estilo de liderança 87
Controle 87
Processo de controle 89
Características do controle 89

Bibliografia 91

Sobre o autor 93

Apresentação

Este livro faz parte da Coleção Práticas de Gestão, coletânea das disciplinas que compõem os cursos Superiores de Tecnologia da Fundação Getulio Vargas, oferecidos a distância pelo FGV Online.

A FGV é uma instituição de direito privado, sem fins lucrativos, fundada em 1944, com o objetivo de ser um centro voltado para o desenvolvimento intelectual do país, reunindo escolas de excelência e importantes centros de pesquisa e documentação focados na economia, no direito, na matemática, na administração pública e privada, bem como na história do Brasil.

Nesses mais de 60 anos de existência, a FGV vem gerando e transmitindo conhecimentos, prestando assistência técnica a organizações e contribuindo para um Brasil sustentável e competitivo no cenário internacional.

Com espírito inovador, o FGV Online, desde sua criação, marca o início de uma nova fase dos programas de educação continuada da Fundação Getulio Vargas, atendendo não só aos estudantes de graduação e pós-graduação, executivos e empreendedores, como também às universidades corporativas que desenvolvem projetos de *e-learning*, e oferecendo diversas soluções de educação a distância, como videoconferência, TV via satélite com IP, soluções *blended* e metodologias desenvolvidas conforme as necessidades de seus clientes e parceiros.

Desenvolvendo soluções de educação a distância a partir do conhecimento gerado pelas diferentes escolas da FGV – a Escola Brasileira de Administração Pública e de Empresas (Ebape), a Escola de Administração de Empresas de São Paulo (Eaesp), a Escola de Pós-Graduação em Economia (EPGE), a Escola de Economia de São Paulo (Eesp), o Centro de Pesquisa e Documentação de História Contemporânea do Brasil (Cpdoc), a Escola de Direito do Rio de Janeiro (Direito Rio), a Escola de Direito de São Paulo (Direito GV), o Instituto Brasileiro de Economia (Ibre) e a Escola de Matemática Aplicada (eMap), o FGV Online é parte integrante do Instituto de Desenvolvimento Educacional (IDE), criado em 2003, com o objetivo de coordenar e gerenciar uma rede de distribuição única para os produtos e serviços educacionais produzidos pela FGV.

Em parceria com a Ebape, o FGV Online iniciou sua oferta de cursos de graduação a distância em 2007, com o lançamento do Curso Tecnológico em Processos Gerenciais. Em 2011, o curso obteve o selo CEL – teChnology-Enhanced Learning Accreditation – da *European Foundation for Management Development* (EFMD), certificação internacional baseada em uma série de indicadores de qualidade. Hoje, a graduação a distância oferecida pelo FGV Online é a única no mundo a ter sido certificada pela EFMD-CEL.

Em 2012, o portfólio de cursos superiores a distância aumentou significativamente. Além do Curso Superior de Tecnologia em Processos Gerenciais, novos cursos estão sendo oferecidos: Curso Superior de Tecnologia em Gestão Comercial, Curso Superior de Tecnologia em Gestão Financeira, Curso Superior de Tecnologia em Gestão Pública, Curso Superior de Tecnologia em Gestão de Turismo, Curso Superior de Tecnologia em Marketing.

Ciente da relevância dos materiais e dos recursos multimídia em cursos a distância, o FGV Online desenvolveu os livros que compõem a Coleção Práticas de Gestão com o objetivo de oferecer ao estudante e a outros possíveis leitores conteúdos de qualidade, trabalhados com o objetivo de proporcionar uma leitura fluente e confortável.

A coleção foi elaborada com a consciência de que seus volumes ajudarão o leitor – que desejar ou não ingressar em uma nova e enriquecedora experiência de ensino-aprendizagem, a educação a distância (EAD) – a responder, com mais segurança, às mudanças tecnológicas e sociais de nosso tempo, bem como a suas necessidades e expectativas profissionais.

Prof. Clovis de Faro
Diretor do Instituto de
Desenvolvimento Educacional

Prof. Flávio Vasconcelos
Diretor da Ebape – FGV

Prof. Carlos Osmar Bertero
Diretor acadêmico do Instituto
de Desenvolvimento Educacional

Prof. Stavros Panagiotis Xanthopoylos
Diretor executivo do FGV Online

Capítulo 1

Principais conceitos e definições

Neste capítulo apresentaremos os conceitos básicos da administração e teremos uma ideia mais precisa do significado dessa ciência e dos seus processos. Identificaremos, também, qual é o papel do administrador e as suas principais atribuições no contexto da organização. Analisaremos ainda um caso de referência e recorreremos a ele para refletir sobre como a teoria se aplica na prática diária de uma organização.

Organização – objeto de estudo da administração

A administração é a ciência social que lida com os negócios e as organizações, por intermédio de pessoas. Para entender seu significado, portanto, é preciso, primeiramente, responder à seguinte pergunta: *o que é uma organização?*

> **CONCEITO-CHAVE**
>
> Organização é uma unidade social, deliberadamente formada, na qual as pessoas trabalham em conjunto para atingir determinados objetivos. Essa unidade pode ser de pequeno, médio ou grande porte. Empresas, exércitos, escolas, hospitais e igrejas são exemplos de organização.

A organização, a partir de Caravantes, Panno e Kloeckner (2005), pode ser definida como uma unidade social, ou um grupo humano, construída de forma deliberada. Nessa unidade, especialistas trabalham em conjunto para atingir objetivos específicos. Muitos autores associam a administração apenas às empresas.

> **CARAVANTES**
>
> PhD em administração pela Universidade do Sul da Califórnia, Estados Unidos. É conselheiro consultivo da Angrad (Associação Nacional dos Cursos de Graduação em Administração), além de consultor organizacional. Professor visitante da Fundação Getulio Vargas, é um dos nomes mais respeitados no cenário do ensino de graduação em administração no país.

A empresa, contudo, é necessária em todo tipo de organização, seja ela de pequeno, médio ou grande porte.

EXEMPLO

No conceito de organização se encaixam também os exércitos, as escolas, os hospitais e as igrejas. E também os clubes recreativos de final de semana, os restaurantes e as companhias aéreas.

Características das organizações

Segundo Caravantes, Panno e Kloeckner (2005), a organização é uma unidade social que apresenta as seguintes características:

- a divisão do trabalho, do poder e das responsabilidades ocorre de forma planejada, a fim de se atingir um propósito específico;
- o propósito se expressa em um ou mais objetivos;
- o êxito não pode ser desvinculado das pessoas, já que elas pensam, planejam e executam as atividades necessárias;
- a estrutura define como as pessoas se articulam e executam suas tarefas;
- o controle e a direção dos esforços planejados podem ficar a cargo de um ou mais centros de poder – de acordo com a configuração da estrutura;
- os centros de poder estão permanentemente atentos às intervenções necessárias para aumentar a eficiência organizacional.

COMENTÁRIO

Em uma organização, os integrantes recorrem a tecnologias e a conhecimentos específicos para desempenhar as suas funções.

Organizações complexas

No caso de uma organização complexa, ou seja, de grande porte, segundo Caravantes, Panno e Kloeckner (2005), há outras características adicionais. É preciso estabelecer normas e controles capazes de orientar o comportamento dos diferentes integrantes do grupo. O objetivo das normas e dos controles é criar um ambiente de estabilidade e previsibilidade.

Segundo Peter Drucker, uma organização complexa deve concentrar todas as suas atenções em uma só tarefa ou em seu negócio específico.

Em outras palavras, a organização complexa deve se especializar (idem).

COMENTÁRIO

Nas organizações complexas, há uma estrutura de cargos claramente definida, com diferentes níveis de autoridade e responsabilidade.

PETER DRUCKER

Considerado *o pai da gestão*, é o autor com mais livros publicados sobre economia e análise social. Em *The practice of management*, de 1954, transformou a gestão em disciplina.

Drucker dividiu o trabalho dos gestores em seis tarefas – definir objetivos, organizar, comunicar, controlar, formar e motivar pessoas. Além de cunhar ideias como as da privatização, do cliente em primeiro lugar, do papel do líder, da descentralização, da era da informação, da era do conhecimento e da gestão por objetivos, lançou o profético livro *The age of discontinuity* – 1969 –, no qual anunciou a chegada dos trabalhadores do conhecimento.

Nos últimos anos, tem estudado o tema da gestão de organizações sem fins lucrativos.

EM RESUMO

A administração é o processo de planejamento, organização e controle dos recursos organizacionais. Sua função é alcançar determinados objetivos de forma eficiente e eficaz. A administração define valores e metas, torna as pessoas aptas ao trabalho conjunto e capacita os integrantes da organização para que eles alcancem os objetivos traçados.

CASO DE REFERÊNCIA
O sucesso atrapalhou

A *loja de móveis Etna*, o novo negócio da Vivara, atraiu público – e problemas.

Mesmo para quem já tem experiência em tocar um negócio bem-sucedido, o ingresso em um novo setor costuma requerer um período de aprendizado.

Foi o que descobriu o empresário Nelson Kaufman, dono da Vivara, a segunda maior rede de joalherias do país.

Dois anos atrás, depois de estender pelo país a marca Vivara numa rede de 58 lojas, Kaufman – um apreciador de móveis e objetos de decoração – investiu R$ 30 milhões para erguer a Etna, uma sofisticada loja de artigos para casa, com 20 mil metros quadrados, na nobre região paulista do Brooklin. A inauguração, em agosto do ano passado, foi precedida de uma campanha de marketing alardeando uma agressiva política de preços. A estratégia atraiu multidões. Num único fim de semana, apareceram na loja 12 mil pessoas. "Achávamos que iríamos agradar, mas não que o sucesso seria tão grande", diz o diretor Mauro Chenker.

Foi impossível satisfazer todos os clientes. Sucederam-se contratempos que mais pareciam, aos olhos de quem não foi bem atendido, erros primários. Muitos consumidores queixaram-se aos jornais. Houve casos em que o produto comprado jamais foi recebido porque o estoque havia acabado.

Móveis entregues sem embalagem foram danificados ou, por falta de peças, não puderam ser montados ao chegar à casa do cliente. "Não conseguimos, de início, atender às expectativas de todo mundo", afirma Chenker. Após algum tempo, foi constatado que os principais contratempos ocorriam depois da venda. Diferentemente do negócio de joias, a compra de um móvel não acaba na loja – apenas começa. "Os grandes problemas acontecem na entrega e na montagem", diz o consultor de varejo Eugênio Foganholo. "Para esse setor, o pós-venda é crucial."

Trecho de matéria publicada na revista Exame, *edição 845, n. 12, de 22 de junho de 2005, assinada pela jornalista Thays Liberti.*

TEORIA NA PRÁTICA A PARTIR DO CASO DE REFERÊNCIA

- Que tipo de organização é a Etna? Detalhe.
- A Etna adotou os procedimentos e práticas atribuídos às organizações complexas? Justifique.

Conceito e função da administração na estrutura organizacional

Já vimos que o estudo da administração tem como objeto as organizações e as pessoas que nela trabalham. Mas qual o significado de administração?

CONCEITO-CHAVE

Segundo Chiavenato (1999:6), a administração consiste em um processo de "planejar, organizar, dirigir e controlar o uso de recursos organizacionais para alcançar determinados objetivos de maneira eficiente e eficaz".

Ser eficiente, diz Chiavenato (1999), equivale a alcançar um objetivo com o mínimo possível de recursos. Ou, então, conseguir um resultado mais amplo que o inicialmente esperado, despendendo a mesma quantidade de recursos. É importante ressaltar que os recursos não são representados apenas pelo capital investido. Também se incluem nesta categoria fatores como o custo do trabalho e a utilização e manutenção dos equipamentos. Já a eficácia é medida pelo grau em que se conseguem atingir os objetivos previamente estabelecidos.

CHIAVENATO

Autor muito respeitado nas áreas de administração de empresas e gestão de pessoas. Graduado em filosofia/pedagogia com especialização em psicologia educacional pela USP, em direito pela Universidade Mackenzie, pós-graduado em administração de empresas pela EAESP-FGV, mestre e doutor em administração pela City University of Los Angeles. Foi professor da EAESP-FGV e consultor de empresas. Sua bibliografia abrange mais de 20 livros de destaque no mercado, além de inúmeros artigos.

É mantenedor do *Instituto Chiavenato*, entidade voltada para o desenvolvimento educacional e empresarial.

EM RESUMO

Um administrador eficaz é aquele que, no dia a dia, consegue cumprir as metas de produção, tanto do ponto de vista quantitativo quanto qualitativo.

Como medir o desempenho da administração

Embora fundamentais, os resultados obtidos na produção não são suficientes para avaliar o desempenho da administração.

O desempenho da administração, afirmam Caravantes, Panno e Kloeckner (2005), é medido por um conjunto de indicadores:

- posição de mercado;
- inovação;
- produtividade;
- resultados financeiros;
- qualidade;
- desenvolvimento das pessoas.

TEORIA NA PRÁTICA A PARTIR DO CASO DE REFERÊNCIA

Considerando-se o caso da Etna, podemos dizer que a empresa conseguiu ser eficiente ou eficaz em algum aspecto, ainda que, no todo, a estratégia tenha dado errado? Por quê?

Papel da administração

No âmbito da organização, é à administração que cabe a tarefa de pensar e definir os objetivos, valores e metas a serem atingidos e resguardados. Estes devem ser permanentemente reafirmados e expostos de forma clara, a fim de facilitar a percepção e o entendimento pelo conjunto de pessoas envolvidas no trabalho.

Uma organização, afirmam Caravantes, Panno e Kloeckner (2005), reúne pessoas com conhecimentos, capacidades e habilidades diferenciados.

Cabe à administração promover a comunicação entre elas, a fim de que se façam as trocas necessárias. A organização não é uma instituição estática. Ela é uma fonte permanente de aprendizado e ensino.

CONCEITO-CHAVE

O papel da administração é tornar as pessoas aptas ao trabalho conjunto potencializando forças e minimizando fraquezas.

COMENTÁRIO

A administração deve assumir ainda outra responsabilidade: capacitar cada um dos integrantes da organização para as necessidades e oportunidades que porventura se apresentem no trabalho cotidiano.

CONCEITO-CHAVE

O resultado definitivo de uma administração, definem Caravantes, Panno e Kloeckner, se mede pela satisfação do cliente, que tanto pode ser um consumidor quanto um usuário, associado ou contribuinte.

TEORIA NA PRÁTICA A PARTIR DO CASO DE REFERÊNCIA

- Do ponto de vista do papel da administração, a seu ver, quais foram os principais erros cometidos pela administração da Etna? Justifique.
- Você poderia identificar na história da Etna indicadores de desempenho bons e ruins? Ao final, o que prevaleceu? Explique.

Papel do administrador

O administrador é fundamental para o funcionamento de toda organização, seja ela de pequeno, médio ou grande porte. Sua missão é ajudar a organização a atingir o melhor resultado possível. E adaptar os conceitos gerais da administração à realidade cultural de seu ambiente específico.

Qual é o papel do administrador para o bom funcionamento da estrutura organizacional?

Segundo Caravantes, Panno e Kloeckner (2005), todos os administradores fazem as mesmas coisas em todos os lugares. O segredo, na realidade, está em "como fazer". O segredo está em "como fazer" porque a administração encontra-se inserida na cultura. Logo, os resultados são diretamente influenciados pelas particularidades de cada ambiente.

Em outras palavras, seu sucesso está condicionado à observação de uma regra básica: os conceitos gerais da administração precisam ser adaptados às condições culturais do ambiente no qual se insere a organiza-

CULTURA

Conceito complexo, com diversas significações. Significa desde características próprias do homem, que o distinguem entre os seres naturais, até a elaboração de um ideal de formação integral do homem, desdobrado no conceito de "alta" cultura, em oposição a uma cultura popular, como signo de distinção.

Em sentido amplo, designa todas as criações próprias do homem e das diversas sociedades. Conjunto de características humanas, não inatas, e sim criadas, preservadas ou aprimoradas por meio da comunicação e mútua colaboração entre os indivíduos que compõem uma determinada sociedade, ao se relacionarem com o ambiente.

ção. Essa adaptação torna-se necessária porque a organização é feita de pessoas.

É por meio das pessoas e da utilização dos recursos materiais, financeiros, de informação e tecnologia

CONCEITO-CHAVE

Não cabe ao administrador executar tarefas e operações, mas sim garantir que os outros o façam.

disponíveis que o administrador procura cumprir a sua mais básica missão: ajudar a organização a atingir o melhor desempenho possível (Chiavenato, 1999).

Em termos mais amplos, o papel do administrador consiste em fazer com que outros integrantes da organização executem as tarefas necessárias ao alcance das metas e dos objetivos previamente traçados.

Diferentes níveis organizacionais

EM RESUMO

Dentro da organização, o administrador pode ocupar três níveis diferentes: institucional, intermediário e operacional. Suas responsabilidades variam de acordo com o nível em que se encontra. Assim, cada nível demanda habilidades específicas.

Segundo Chiavenato (1999), os administradores se distribuem por três níveis organizacionais:

Nível institucional

O nível institucional, constituído pelo presidente e pelos diretores da alta administração, é mais sujeito às pressões do ambiente, por estar em contato direto com o mundo externo.

COMENTÁRIO

O presidente e os diretores da alta administração ficam diretamente responsáveis pelas principais decisões ou, no caso de organizações de grande porte, são instruídos pelo Conselho de Administração.

Para integrar este nível, o administrador deve possuir visão estratégica, pois ele terá a responsabilidade de definir a missão, os objetivos fundamentais e o futuro do negócio.

Nível intermediário

O nível intermediário, composto pelos gerentes, representa o meio de campo da organização, já que faz a articulação interna entre os níveis institucional e operacional.

COMENTÁRIO

Por amortecer o impacto das pressões externas sobre o ambiente da organização e internalizar as decisões globais tomadas pelo nível institucional, o administrador deve ter visão tática.

A visão tática lhe permite traduzir as missões e os objetivos da organização em ações que possam ser executadas pelo nível operacional.

Nível operacional

O nível operacional base do organograma e nível mais interiorizado da organização exige que o administrador tenha visão de como a organização funciona no dia a dia.

COMENTÁRIO

O administrador deve conhecer os procedimentos necessários para que, efetivamente, se cumpram as ações planejadas pelos administradores institucionais e intermediários. Logo, está incumbido de fazer com que todos executem as tarefas rotineiras da organização.

Resumindo os três níveis organizacionais

Os três níveis organizacionais devem se articular e se complementar, a fim de que os objetivos traçados pela empresa sejam alcançados.

20 ADMINISTRAÇÃO GERAL

QUADRO 1: CARACTERÍSTICAS DOS TRÊS NÍVEIS ADMINISTRATIVOS

	Nível institucional	**Nível intermediário**	**Nível operacional**
Cargos	Presidentes e diretores	Gerentes	Operários e funcionários não administrativos
Atuação	Estratégica	Tática	Operacional
Abrangência	Global, envolvendo toda a organização	Parcial, envolvendo uma unidade da organização	Específico, envolvendo determinada operação ou tarefa
Amplitude de tempo	Longo prazo	Médio prazo	Curto prazo

Fonte: Adaptado de Chiavenato (1999:12).

TEORIA NA PRÁTICA A PARTIR DO CASO DE REFERÊNCIA

Os erros mais graves da Etna foram cometidos em qual nível organizacional da empresa? Por quê?

Diferentes tipos de funções organizacionais

EM RESUMO

As principais funções do administrador abrangem operação, marketing e finanças. Mas ele também desempenha funções de apoio, relacionadas a áreas como pessoal, contabilidade e manutenção. Suas responsabilidades podem ser funcionais ou administrativas.

Os administradores se distinguem não apenas por sua posição nos níveis hierárquicos da organização, conforme mostrado na seção anterior.

Os administradores também se diferenciam por suas funções, que se dividem entre principais e de apoio (Megginson, Mosley e Pietri, 1998).

MEGGINSON

Primeiro aluno a obter um PhD em *management* pela Louisiana State University. Durante a II Guerra Mundial, pilotou com a 8ª Força Aérea.

Sua fama é internacional, pois já publicou vários artigos em revistas pelo mundo todo. Foi o primeiro *dean* da escola de negócios da University of Mobile, instituição onde atualmente é professor emérito.

PRINCIPAIS CONCEITOS E DEFINIÇÕES | 21

MOSLEY

Professor aposentado de administração na University of South Alabama e também fundador e presidente do Synergistic Consulting Group. Pioneiro na área de *partnering*, desenvolveu o *partnering model*, utilizado nos Estados Unidos e em outros países. Publicou vários artigos em revistas pelo mundo todo. Foi o primeiro *dean* da escola de negócios da University of Mobile, instituição onde atualmente é professor emérito.

PIETRI

PhD. pela Mississippi State University, é professor de *management* e diretor do Business Resources Center. Já conduziu muitos seminários e comunicações nos Estados Unidos e em outros países, como França e Brasil. É autor de vários livros, destacando-se *Management: leadership is action*, adotado em mais de 100 universidades. Foi o primeiro *dean* da escola de negócios da University of Mobile, instituição onde atualmente é professor emérito.

As funções principais – imprescindíveis para a sobrevivência da organização –, na maioria dos casos, abrangem operação, marketing e finanças.

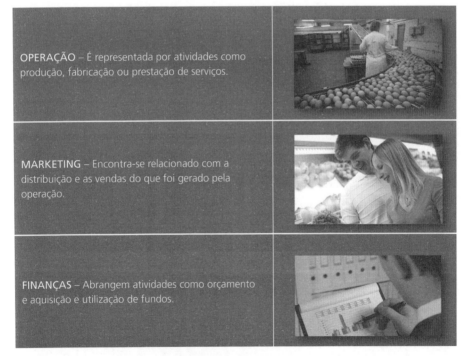

OPERAÇÃO – É representada por atividades como produção, fabricação ou prestação de serviços.

MARKETING – Encontra-se relacionado com a distribuição e as vendas do que foi gerado pela operação.

FINANÇAS – Abrangem atividades como orçamento e aquisição e utilização de fundos.

As funções de apoio, necessárias ao desenvolvimento eficaz das funções principais, abrangem, por exemplo, atividades relacionadas a pessoal, contabilidade, manutenção, engenharia, compras e relações públicas, entre outras.

Responsabilidades funcionais e administrativas

Os administradores também se distinguem pelo escopo de suas atividades. Alguns têm responsabilidades funcionais. Já outros assumem responsabilidades administrativas. Essas responsabilidades são detalhadas por Megginson, Mosley e Pietri (1998) e Caravantes, Panno e Kloeckner (2005).

Aqueles que assumem responsabilidades funcionais respondem por uma das funções principais ou de apoio da organização. Já os que têm responsabilidades administrativas supervisionam uma unidade ou divisão operacional completa. Um gerente funcional, por exemplo, tende a apresentar uma experiência similar à daqueles que se encontram sob sua supervisão. Isso porque ele gerencia um grupo segmentado.

> **EM RESUMO**
>
> O papel do gerente funcional é promover uma interlocução entre seu grupo e outras unidades de trabalho existentes dentro da organização.
>
> Entre os gerentes funcionais estão, entre outros, os gerentes dos departamentos de contabilidade, produção, marketing e pesquisa e desenvolvimento.

> **COMENTÁRIO**
>
> O gerente-geral cuida de diversos departamentos, cada um responsável por diferentes tarefas. Assim, suas habilidades técnicas podem estar aquém daquelas apresentadas pelas pessoas que ele supervisiona.
>
> O gerente-geral, porém, precisa ter habilidade com a comunicação. Isso porque sua função é fazer com que as partes se harmonizem, garantindo o funcionamento do todo.
>
> Ao gerente-geral se reportam todos os demais gerentes de uma organização.

> **EM RESUMO**
>
> O processo administrativo contempla quatro atribuições principais: planejamento, organização, direção ou liderança e controle.

PRINCIPAIS CONCEITOS E DEFINIÇÕES | 23

Nas seções anteriores, abordamos os diferentes níveis e funções organizacionais. Resta, agora, uma última indagação:

> Quais passos devem ser seguidos pelo administrador para colocar em prática as teorias até aqui discutidas?

Esses processos podem ser assim resumidos, a partir de autores como Megginson, Mosley e Pietri (1998); Chiavenato (1999); Maximiano (2000) e Caravantes, Panno e Kloeckner (2005):

- planejamento;
- organização;
- direção ou liderança;
- controle.

PLANEJAMENTO

O planejamento consiste em definir quais são a missão, os propósitos e os objetivos da organização. E, na sequência, definir a estratégia e os recursos necessários para que estes se tornem realidade.

Em outras palavras, planejar é definir onde a organização quer chegar e como fará para atingir este objetivo. Dessa forma, o planejador precisa tomar importantes decisões.

ORGANIZAÇÃO

Resultado do processo de planejamento, a organização reflete como a empresa procura se estruturar para atingir os objetivos planejados.

Organizar é distribuir tarefas, definir qual departamento fará o quê, delegar a cada um a autoridade necessária à execução da tarefa para a qual foi designado e alocar para cada área os recursos necessários.

DIREÇÃO OU LIDERANÇA

Direção ou liderança é o processo de orientar e influenciar as pessoas para que possam ser realizadas as estratégias, ações, planos e projetos definidos para a organização.

A direção e os gerentes de variados níveis organizacionais devem motivar as pessoas a executarem aquilo que foi planejado.

CONTROLE

Controle é o processo de acompanhar, monitorar e avaliar o desempenho organizacional. Seu objetivo é verificar se aquilo que foi planejado, organizado e dirigido vem sendo executado da melhor forma possível.

Durante o processo de controle, o administrador verifica se é necessário fazer correções para que os objetivos da organização sejam alcançados.

As diferentes fases do processo administrativo, segundo Chiavenato (1999), assumem diferentes configurações em cada um dos níveis organizacionais.

QUADRO 2: O PROCESSO ADMINISTRATIVO
NOS TRÊS NÍVEIS ORGANIZACIONAIS

Nível de atuação	Planejamento	Organização	Direção	Controle
Institucional	Planejamento estratégico Determinação dos objetivos organizacionais	Desenho da estrutura organizacional	Direção-geral Políticas e diretrizes de pessoal	Controles globais e avaliação do desempenho organizacional
Intermediário	Planejamento e alocação de recursos	Desenho departamental Estrutura dos órgãos e equipes Regras e procedimentos	Gerência e recursos Liderança e motivação	Controles táticos e avaliação do desempenho departamental
Operacional	Planos operacionais de ação cotidiana	Desenho de cargos e tarefas Métodos e processos de operação	Supervisão de primeira linha	Controles operacionais e avaliação do desempenho individual

Fonte: Chiavenato (1999:17).

TEORIA NA PRÁTICA A PARTIR DO CASO DE REFERÊNCIA

- Em quais processos administrativos a Etna falhou? Explique.
- Como administrador, quais medidas você tomaria para evitar os erros cometidos pela Etna?
- Como você tentaria recuperar a confiança do mercado/cliente?

Capítulo 2

Surgimento da administração

Neste capítulo, veremos como o advento da sociedade industrial influiu na evolução da teoria administrativa. Entenderemos, também, como as novas exigências criadas pela sociedade emergente no final do século XIX e início do século XX levaram à afirmação da burocracia. E que a consolidação da administração como ciência não pode ser desvinculada do desenvolvimento da organização burocrática. Conheceremos ainda os principais autores da escola clássica da administração.

Nascimento da administração

Os princípios da administração há séculos são aplicados aos processos da produção e do trabalho. Mas a primeira tentativa de formalização de uma teoria administrativa foi feita por Taylor, em 1911, com a publicação da obra Princípios da administração científica.

Os sumérios faziam registros escritos de suas atividades comerciais e governamentais, por volta de 5000 a.C.

A construção das pirâmides egípcias exigia planejamento e organização.

A Veneza do século XIV já convivia com normas legais.

> ### ADMINISTRAÇÃO CIENTÍFICA
>
> Escola de administração liderada por Frederick Taylor, que teve seu marco inicial com a obra *Shop management*, em 1903. Para essa escola, a administração das empresas deve ser tratada cientificamente, visando a maior produtividade com custos menores. A análise científica é feita no nível de execução, decompondo os movimentos e os processos de cada operário.

COMENTÁRIO

A obra clássica de Taylor ainda não tem 100 anos de idade! Isso indica que a administração é uma ciência jovem se comparada a outros campos do saber.

Os princípios da administração, naturalmente, não surgiram repentinamente no início do século XX. Eles resultam da evolução de uma série de ideias que, ao longo dos séculos, foram aplicadas aos processos da produção e do trabalho. Mas coube a Taylor a primeira iniciativa de formalização de uma teoria administrativa.

Em seu tratado, este engenheiro norte-americano procurava indicar algumas regras para o aumento da eficiência do trabalho. A saída, a seu ver, era que o trabalho fosse decomposto em uma série de tarefas rigorosamente estudadas e cronometradas (Chiavenato, 1999; Harvey, 2000).

> **TAYLOR**
>
> Primeiro especialista americano em racionalização e eficiência no trabalho. Inventou a chamada "gestão científica". – organização científica do trabalho que consistia em uma análise temporal das tarefas individuais, permitindo melhorar o ritmo dos trabalhadores.
>
> Foi técnico em mecânica e operário. Posteriormente, formou-se em engenharia mecânica. Nas indústrias em que atuou, foi responsável pela elevação, em grande medida, do desempenho dos trabalhadores.

Fonte de inspiração do taylorismo

As ideias de Taylor forneceram os principais fundamentos para o movimento da administração científica, o qual estudaremos mais detalhadamente neste capítulo.

> **QUAL FOI A FONTE DE INSPIRAÇÃO PARA AS IDEIAS DE TAYLOR?**
>
> Taylor e seus contemporâneos buscaram os elementos forjadores da teoria administrativa em um dos adventos mais importantes da história da humanidade:
> A Segunda Revolução Industrial do final do século XIX e início do século XX, que resultou na emergência da sociedade de massa.

Sociedade industrial

> **EM RESUMO**
>
> Com o advento da sociedade industrial, o investimento passou a ser de longa duração. Logo, ele passou a exigir um ambiente de estabilidade e de regras claras. O resultado dessa necessidade foi a consolidação da burocracia, fundamental para o desenvolvimento da administração.

O surgimento da administração está relacionado ao advento da sociedade industrial, a qual tem suas raízes no final do século XVIII, quando surgiram as primeiras unidades fabris e começaram a ser aplicados conceitos como o da divisão do trabalho. De forma resumida, podemos dizer que, até o século XVIII, predominava um sistema de produção baseado no trabalho doméstico de artesãos. Esses profissionais utilizavam a matéria-prima fornecida por um empreendedor, encarregado, também, de intermediar a venda dos produtos manufaturados.

> **SOCIEDADE INDUSTRIAL**
> Modelo de sociedade, baseado na produção industrial, que alterou as relações nas famílias, instituiu a educação em massa, os canais de comunicação abertos, a separação entre produtor e consumidor, a padronização da organização do trabalho e a especialização.

A partir do final do século XVIII e início do século XIX, os artesãos migraram, progressivamente, para a fábrica construída pelo empreendedor.

Nesse novo espaço, seu trabalho passou a ser remunerado por um salário, e suas atividades, executadas sob rigorosa supervisão (Motta e Vasconcelos, 2002).

REVOLUÇÃO INDUSTRIAL

Processo que teve início no século XVIII, na Inglaterra, e logo se espalhou por toda a Europa.

A expressão Revolução Industrial foi difundida a partir de 1845 por Engelf, um dos fundadores do socialismo científico.

O termo foi usado para designar o conjunto de transformações técnicas e econômicas que caracterizam a substituição de energia física pela energia mecânica; da ferramenta pela máquina e da manufatura pela fábrica no processo de produção, o que, consequentemente, transformou a economia rural em economia urbana.

Segunda Revolução Industrial

A Revolução Industrial somente atingiu o apogeu entre o final do século XIX e início do século XX. Foi neste período que se deu, efetivamente, a passagem do sistema doméstico para o sistema fabril de produção. Ocorrida entre 1860 e 1914, a Segunda Revolução Industrial foi marcada por intenso avanço técnico em diversas áreas.

Dentre esses avanços, podemos destacar:

- substituição do ferro pelo aço;
- utilização do petróleo como fonte de energia, no lugar do carvão;
- uso da eletricidade em substituição à energia a vapor, que havia acelerado o desenvolvimento ao longo do século XIX;
- surgimento dos motores de explosão e dos motores a gasolina, que revolucionaram os meios de transporte até então existentes.

> **SEGUNDA REVOLUÇÃO INDUSTRIAL**
>
> Revolução que teve início em 1860, estendendo-se até a I Guerra Mundial. Gerou mudanças no processo de industrialização, com o surgimento da eletricidade, o advento do petróleo, a produção em série nas linhas de montagem e o método de administração científica baseado nos estudos de Taylor.
>
> Os Estados Unidos foram o principal protagonista da Segunda Revolução Industrial, detendo, às vésperas da I Guerra, 40% do PIB dos países desenvolvidos.

Embora a Segunda Revolução Industrial tenha se iniciado na Inglaterra, assim como ocorreu no século XVIII, ela rapidamente se disseminou por outros países. Ainda na passagem do século XIX para o século XX, os Estados Unidos já despontavam como a nova e mais importante potência industrial do planeta.

Mudanças provocadas pela industrialização

Os avanços técnicos verificados ao longo da Segunda Revolução Industrial subverteram radicalmente a sociedade da época. Houve uma série de mudanças, dentre as quais podemos destacar as seguintes:

- agricultura foi mecanizada;

- a comunicação se tornou mais rápida e surgiram novidades como o rádio, fatores que ensejaram o fenômeno da sociedade de massa;

- as novas máquinas industriais permitiram que se iniciasse a produção em série, fundamental para atender à nova sociedade emergente;

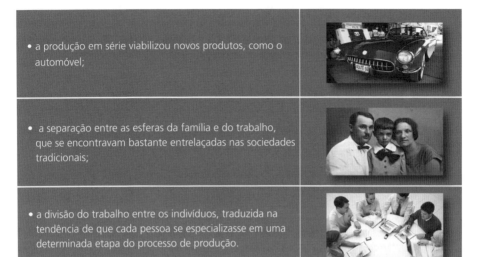

- a produção em série viabilizou novos produtos, como o automóvel;

- a separação entre as esferas da família e do trabalho, que se encontravam bastante entrelaçadas nas sociedades tradicionais;

- a divisão do trabalho entre os indivíduos, traduzida na tendência de que cada pessoa se especializasse em uma determinada etapa do processo de produção.

Consolidação da burocracia

A organização burocrática foi a que se mostrou mais adequada às exigências da sociedade industrial.

As mudanças ensejadas pela nova fase do processo de industrialização iniciada no final do século XIX, de acordo com Max Weber, criaram a necessidade de novas formas de organização e de regulação social. Segundo o sociólogo, isso se tornou necessário porque, com a industrialização, a atividade econômica passou a ser baseada em investimentos de longa duração.

MAX WEBER

Economista, destacou-se ao escrever *A ética protestante* e *O espírito do capitalismo*, obra em que, procurando esclarecer as características específicas do capitalismo, apontou a relação significativa entre a ética protestante e o espírito capitalista moderno.

Logo, era preciso que a regulação social se desse por intermédio de regras estáveis, perante as quais todos os indivíduos se colocassem em situação de igualdade. A manifestação concreta da necessidade do estabelecimento de regras estáveis resultou na consolidação da burocracia.

CONCEITO-CHAVE

O termo burocracia foi cunhado por Weber para definir uma estrutura organizacional capaz de promover a coordenação de diferentes atividades realizadas por um diversificado grupo de indivíduos. O papel dessa estrutura é permitir que objetivos comuns sejam alcançados, em uma perspectiva de longo prazo (Motta e Vasconcelos, 2002).

Princípios burocráticos

A administração é resultado direto da afirmação da estrutura burocrática, cujos princípios foram resumidos por Motta e Vasconcelos (2002).

Esses princípios são:

- funções e competências devem ser rigorosamente definidas por leis ou regulamentos;
- regras bem definidas geram a divisão das tarefas;
- direitos e deveres dos integrantes de um sistema são delimitados por regras e regulamentos;
- todos se apresentam em situação de igualdade perante regras e regulamentos, segundo as características de seu cargo ou função;
- a hierarquia é determinada por regras claramente explicitadas;
- prerrogativas de cada cargo ou função, assim como o exercício da autoridade e seus limites, são definidos legalmente;
- igualdade para todos, para efeitos de contratação, do ponto de vista formal.

COMENTÁRIO

À medida que se consolidavam as estruturas burocráticas, tornavam-se mais e mais impessoais as relações humanas estabelecidas no ambiente de trabalho.

Cada vez mais se buscava uma conduta econômica racional e calculada, fundamental para garantir a estabilidade necessária aos investimentos de longa duração.

A busca por uma conduta econômica racional e calculada deu início às teorias da administração, cujos princípios variam de acordo com a escola a que se liga o autor.

QUESTÕES PARA REFLEXÃO

- Como o advento da sociedade industrial influenciou o desenvolvimento da administração?
- Quais são as principais características da burocracia?
- O que é uma organização burocrática?

Teorias clássicas da administração

EM RESUMO

Nas teorias clássicas da administração, há uma predominância dos fatores técnicos sobre os fatores humanos. O trabalhador é visto como uma das peças de engrenagem do sistema de produção.

A administração começou a se delinear como conhecimento ainda no século XVIII, quando surgiram as primeiras fábricas. Em 1776, por exemplo, Adam Smith já abordava as vantagens da divisão do trabalho no seu clássico *A riqueza das nações*. Ele mostrou que, se cada operário se dedicasse à fabricação de uma parte do alfinete, a produtividade final seria muito maior do que aquela atingida caso cada um tivesse que fabricar o alfinete completo. Ou seja, Adam Smith explicitou as vantagens da especialização.

Foi somente a partir do século XX, com o advento da Segunda Revolução Industrial, que se iniciou uma busca sistemática pela organização mais eficiente do trabalho. Empreendida por pesquisadores e estudiosos como Frederick Taylor, industriais como Henry Ford, executivos como Henry Fayol e cientistas como Max Weber, essa busca resultou no surgimento da chamada escola clássica da administração (Maximiano, 2000).

> **ADAM SMITH**
>
> Economista escocês que viveu de 1723 a 1790. Um dos teóricos mais influentes da economia moderna, responsável pela teoria do liberalismo econômico. Em 1751, foi nomeado professor de lógica na Universidade de Glasgow e, no ano seguinte, também se encarregou da cátedra de filosofia moral. Interessado em muitos ramos do conhecimento, entre os quais filosofia, história e ciências exatas, publicou um importante tratado sobre moral, *Teoria dos sentimentos morais*, de 1759.

> **HENRY FAYOL**
>
> Engenheiro de minas francês, nascido em Istambul, em 1841. Um dos teóricos da ciência da administração que defendeu, na Europa, os princípios semelhantes aos de Frederick Taylor. Enxergando a empresa a partir da gerência administrativa, centrou seus estudos na unidade do comando, na autoridade e na responsabilidade.

Taylor e a administração científica – a ênfase nas tarefas

A administração científica proposta por Taylor apoia-se sobre quatro princípios:

- é preciso estudar as tarefas para definir como elas devem ser executadas;
- devem ser selecionadas as melhores pessoas para a execução das tarefas;
- é preciso treinar as pessoas;
- é preciso oferecer incentivo monetário para as pessoas desempenharem bem suas tarefas.

O final do século XIX e o início do século XX foram marcados por uma forte expansão da indústria norte-americana. Foi nesse período que surgiram empresas como Ford, General Motors, Goodyear, General Electric e Bell Telephone.

O florescimento de novas empresas ocorreu de forma simultânea à emergência da sociedade de massa. Logo, o aumento da eficiência do trabalho, com a consequente elevação da produtividade, tornou-se um imperativo para a sobrevivência das organizações emergentes.

Foi assim que um grupo de estudiosos, pesquisadores, cientistas, industriais e executivos começou a investigar princípios e técnicas que pudessem aumentar a eficiência dos trabalhadores por meio da racionalização do trabalho. Nascia, ali, o movimento da administração científica. Esse movimento centrou sua análise na execução das tarefas e teve como principal representante o engenheiro norte-americano Frederick Taylor (Maximiano, 2000).

Princípios da administração científica

Os princípios da administração científica foram apresentados por Taylor à Sociedade Americana de Engenheiros Mecânicos, em 1903, e podem ser assim resumidos (Maximiano, 2000):

- a boa administração deve ter custo baixo de produção e pagar altos salários;
- a administração, para atingir essa meta, deve realizar pesquisas que permitam definir a melhor maneira de executar as tarefas;
- os empregados, para que se promova a compatibilidade entre pessoas e tarefas, devem ser cientificamente selecionados e treinados;
- o ambiente deve ser criado por intermédio da estreita cooperação entre a administração e os trabalhadores.

O sucesso dos princípios da administração científica depende da existência de um ambiente favorável à sua aplicação.

Técnicas para viabilizar a administração científica

Oito anos depois de sua apresentação na Sociedade Americana de Engenheiros Mecânicos, Taylor publicou o livro *Princípios de administração científica*. Nessa obra, Taylor indicou as técnicas para colocar em prática os princípios de sua teoria sobre o aumento da eficiência do trabalho.

Essas técnicas, segundo o autor, deveriam contemplar (Maximiano, 2000):

- o estudo de tempos e movimentos, a fim de que estes últimos fossem padronizados;
- a padronização de ferramentas e instrumentos;
- a adoção de um sistema de pagamento vinculado ao desempenho do trabalhador.

COMENTÁRIO

Outros representantes do movimento da administração científica foram:

- o casal Frank e Lillian Gilbreth, que concentrou seus esforços no desenvolvimento de técnicas para minimização de tempos e movimentos;
- Henry Gantt, que criou o cronograma e foi um dos idealizadores do treinamento profissionalizante;
- Hugo Münsterberg, criador da psicologia industrial.

QUESTÕES PARA REFLEXÃO

- O que foi o movimento da administração científica?
- Qual foi a proposta central de Taylor para aumentar a eficiência do trabalho?

Henri Fayol e a ênfase na estrutura

CONCEITO-CHAVE

Para Fayol, o planejamento é a base do sucesso de uma organização. Sem ele, os demais elementos da administração – organização, comando, coordenação e controle – cairiam no vazio. Para o autor, as decisões tomadas no presente condicionam os resultados futuros.

Contemporâneo de Taylor, Henri Fayol promoveu uma verdadeira revolução do pensamento administrativo na França. Enquanto Taylor se preocupou com o trabalho do operário na fábrica, Fayol conferiu ênfase particular aos aspectos gerais da administração e à estrutura das empresas. No livro *Administração industrial e geral*, publicado em 1916, Taylor defendeu que toda empresa possui seis funções básicas: financeira, técnica, comercial, contábil, de segurança e administrativa. À função administrativa caberia coordenar e integrar todas as outras (Chiavenato, 1999).

As teorias de Fayol encerram a ideia de que a administração constitui-se de cinco elementos (Maximiano, 2000):

- planejamento;
- organização;
- comando;
- coordenação;
- controle.

Princípios básicos da administração em Fayol

Fayol procurou regras genéricas que pudessem ser usadas como modelo para todos os assuntos administrativos. Assim, chegou a 14 princípios gerais de administração que, a seu ver, poderiam ser aplicados a toda e qualquer organização. Para isso, acreditava ele, bastava que fossem utilizados com inteligência, experiência, capacidade de tomar decisões e senso de proporção.

Os 14 princípios básicos de Fayol são assim resumidos por Megginson, Mosley e Pietri (1998):

1. Divisão de trabalho

O trabalhador que executa apenas uma parte da tarefa produz mais com o mesmo esforço. A especialização aumenta a eficiência do trabalho.

2. Autoridade e responsabilidade

A autoridade consiste no direito de mandar e no poder de se fazer obedecer. Já a responsabilidade é o dever de cumprir as ordens.

3. Disciplina

Consiste no respeito às regras da organização.

4. Unidade de contato

Cada empregado deve ter apenas um chefe.

5. Unidade de direção

Todas as unidades de uma organização devem se guiar pelos mesmos objetivos.

6. Subordinação do interesse individual ao geral

Os interesses da organização como um todo devem ter prioridade sobre os interesses individuais.

7. Remuneração dos empregados

Os trabalhadores devem receber salários adequados.

8. Centralização

A administração deve centralizar a tomada de decisão.

9. Hierarquia

A organização deve ter uma linha de autoridade que vai do topo até o nível mais baixo. Esta linha deve ser seguida tanto pela administração quanto pelos subordinados.

10. Ordem

Pessoas e materiais devem estar sempre nos lugares adequados.

11. Equidade

É preciso assegurar um tratamento justo a todos os empregados. Todos devem ser tratados da mesma forma.

12. Estabilidade de pessoal

A rotatividade é prejudicial à organização que, para assegurar a eficiência, deve manter o empregado pelo maior tempo possível.

13. Iniciativa

Os empregados da organização devem ser estimulados a desenvolver e implementar planos de melhoria.

14. Espírito de equipe

A administração deve promover o espírito de equipe, pois ele cria um ambiente de harmonia e unidade na organização.

QUESTÕES PARA REFLEXÃO

- Qual o aspecto central que diferencia Fayol de Taylor?
- As propostas de Fayol se encontram próximas do conceito de administração que temos hoje? Justifique.

Weber e a teoria da burocracia

CONCEITO-CHAVE

Weber via a burocracia como a forma mais adequada de exercício da autoridade – ou da dominação. Isso porque a burocracia permite que a autoridade seja exercida com precisão, continuidade, disciplina, rigor e confiança.

Embora não fosse um profissional da administração, mas sim da sociologia, Weber destacou-se como um estudioso dos aspectos referentes à organização formal. Interessado em compreender a sociedade industrial que emergia na época, ele mostrava-se intrigado com a seguinte questão: *O que as organizações fazem para se perpetuar nos ambientes em que estão operando?* (Caravantes, Panno e Kloeckner, 2005).

O objetivo de Weber não era desenvolver um modelo prescritivo de administração. O que ele buscava, na realidade, era uma síntese dos pontos comuns à maioria das organizações existentes na sociedade da época, e, posteriormente, a comparação desses pontos com aqueles encontrados nas sociedades primitivas e feudais.

> **BUROCRACIA**
>
> Modo de administração em que os assuntos são resolvidos por um conjunto de funcionários, sujeitos a uma hierarquia e a um regulamento rígidos, que desempenham tarefas administrativas e organizativas caracterizadas por extrema racionalização e impessoalidade, e também pela tendência rotineira e pela centralização do poder decisivo.

> **COMENTÁRIO**
>
> A partir da observação da sociedade industrial, Weber cunhou o termo burocracia.
>
> Burocracia, para Weber, era uma organização impessoal, regida por regras racionais, ou seja, ditadas pela lógica, e não pelos interesses pessoais (Maximiano, 2000).
>
> O termo burocracia encontra-se intimamente ligado à questão da autoridade, uma das principais inquietações de Weber.

Diferentes tipos de autoridade

Dentre as inquietações de Weber, uma se mostra particularmente importante para a vida das organizações: a autoridade. Na sociedade e nas organizações, Weber identificou três tipos de autoridade:

- tradicional;
- carismática;
- racional-legal.

> **Autoridade tradicional**
>
> Autoridade na qual o reconhecimento de uma pessoa advém dos costumes e tradições enraizados em uma cultura. Um exemplo desse tipo de autoridade é aquela conferida aos anciãos das sociedades antigas, cujo reconhecimento advinha de um conjunto de crenças e valores da comunidade na qual eles estavam inseridos.

Autoridade carismática
Autoridade legitimada pelos feitos e qualidades pessoais de um indivíduo. Nesse tipo de autoridade se enquadra, por exemplo, a dos heróis e profetas.
Autoridade racional-legal
Autoridade baseada em normas e regulamentos reconhecidos e aceitos por toda a sociedade.

Fonte: Motta e Vasconcelos (2002).

Afirmação da autoridade racional-legal

Segundo Weber, as autoridades tradicional e carismática mostraram-se inadequadas às exigências da sociedade industrial por duas razões: a autoridade tradicional, por sua resistência à incorporação de mudanças; a autoridade carismática, pela dificuldade de oferecer as respostas ensejadas pelas mudanças em curso, em função da ênfase que confere ao personalismo.

O tipo de autoridade que se mostrou mais adequado à nova sociedade em formação foi o racional-legal.

Nessa nova sociedade, era preciso que a autoridade conferida a alguns – governantes e gerentes, por exemplo – fosse legitimada por regras claras e amplamente reconhecidas por toda a comunidade (Motta e Vasconcelos, 2002).

Uma consequência da afirmação da autoridade racional-legal foi o surgimento da burocracia. Para Weber, a organização burocrática é a forma mais adequada de se exercer a autoridade – ou a dominação.

COMENTÁRIO

A burocracia permitia que a autoridade fosse exercida e obedecida com precisão, continuidade, disciplina, rigor e confiança (Maximiano, 2000).

QUESTÕES PARA REFLEXÃO

- Segundo Weber, por que a burocracia se tornou fundamental para as organizações?
- Por que a autoridade racional-legal foi a que se mostrou mais adequada às exigências da sociedade industrial?

Ford e a linha de montagem

> **CONCEITO-CHAVE**
>
> Ford criou um padrão de organização produtiva que se tornou universal. Baseado na produção em massa, o fordismo só veio a entrar em crise por volta da década de 1970. Foi quando uma série de avanços tecnológicos e o ritmo mais acelerado da globalização passaram a conferir algumas vantagens às economias de escopo em relação às economias de escala. Ou seja, foram valorizadas a oferta de produtos diferenciados e a especialização de cada empresa em determinada etapa do processo de produção.

Criador da Ford Motor Company, em 1903, em Detroit (EUA), Henry Ford foi o grande propulsor da linha de montagem móvel. Esta foi adotada por ele no começo de 1914, para a montagem de chassis, e acabou por estabelecer um padrão de organização produtiva que rapidamente se tornou universal.

> **HENRY FORD**
>
> Ford introduziu, em sua fábrica de automóveis, a linha de montagem, uma inovação revolucionária nos métodos de produção.
>
> Os veículos são colocados em uma esteira e passam de um operário para outro, para que cada um faça uma etapa do trabalho.

O Fordismo é um modelo regido por dois princípios básicos:

- adoção da divisão do trabalho, caracterizada pela divisão em partes do processo de produção. Cada pessoa ou grupo de pessoas tem uma tarefa fixa e se encarrega de montar uma das partes do produto;

> **FORDISMO**
>
> Conjunto de princípios desenvolvidos por Henry Ford, com o objetivo de racionalizar e aumentar a produção.

- utilização, na produção, de peças e componentes padronizados e intercambiáveis. Nenhum deles é idealizado para um produto específico (Maximiano, 2000; Caravantes, Panno e Kloeckner, 2005).

> **COMENTÁRIO**
>
> A essência do fordismo é a fabricação em larga escala de produtos destinados ao consumo de massa.

Fórmula do fordismo

O que Henry Ford fez foi associar uma produção verticalmente integrada a altos salários e baixo custo de venda para o consumidor final. Em 1914, a Ford pagava a seus operários US$ 5 por dia. Nas indústrias concorrentes, o salário variava entre US$ 2 e US$ 4. Seu modelo T, que em 1908 custava US$ 950, em 1927 era vendido a US$ 290 (Caravantes, Panno e Kloeckner, 2005).

A eficiência da Ford resultava da linha de montagem. Esta pode ser descrita da seguinte forma:

Encarregado da realização de uma única tarefa, o trabalhador mantém-se em uma posição fixa. O produto é que se movimenta ao longo do processo, sendo construído de forma gradativa.

No processo anterior, artesanal, um chassi era montado em 12 horas e 28 minutos. Na linha de montagem, em 1914, esse prazo foi reduzido para apenas 1 hora e 33 minutos de trabalho. Graças a essa eficiência, o fordismo tornou-se universal, sendo rapidamente disseminado para outros tipos de indústria, não apenas a automobilística.

QUESTÕES PARA REFLEXÃO

- Quais são as ideias centrais do fordismo?
- Como funciona a linha de montagem e por que ela aumentou a eficiência do trabalho?

Síntese da escola clássica da administração

Frederick Taylor – administração científica
- Aplicação de métodos de pesquisa para identificar a melhor maneira de trabalhar.
- Seleção e treinamento científicos de trabalhadores.

Henry Ford – linha de montagem
- Especialização do trabalhador.
- Fixação do trabalhador no posto de trabalho.
- Trabalho (produto em processo de montagem) passa pelo trabalhador.

Henri Fayol – processo de administração
- Administração da empresa é distinta das operações de produção.
- Administração é processo de planejar, organizar, comandar, coordenar e controlar.

Max Weber – teoria da burocracia
- Autoridade tem a contrapartida da obediência.
- Autoridade baseia-se nas tradições, no carisma e em normas racionais e impessoais.
- Autoridade burocrática é a base da organização moderna.

Fonte: Maximiano (2000:55).

Capítulo 3

Outras escolas de administração

Neste capítulo trataremos das teorias e abordagens que não se incluem na escola clássica da administração. Veremos inicialmente a escola das relações humanas, cujos autores se distinguem de Taylor, Fayol, Ford e Weber pela sua ênfase nas pessoas, e não na tarefa ou na estrutura. E entenderemos, ainda, de que maneira inovações como o avião a jato, a telefonia digital e o computador geraram novas ideias no campo da administração.

Escola das relações humanas

A escola das relações humanas é associada por Chiavenato (1999) a uma era industrial clássica, caracterizada por um ambiente de estabilidade e certeza. O cenário, diz o autor, só começa a se alterar por volta de 1950, com o final da II Guerra Mundial.

ERA INDUSTRIAL CLÁSSICA

A "era industrial clássica" teve seu início por volta de 1900, na virada do século, e se caracterizou por um ambiente empresarial estável, previsível, tranquilo, exigindo uma abordagem mecanicista e uma estrutura organizacional hierárquica, alta, centralizada e piramidal. A aplicação do modelo burocrático, a busca do desempenho padronizado das pessoas, a precisão e a eficiência, as relações de trabalho ordenadas e o controle hierárquico foram as características mais marcantes desta época, que se estendeu até aproximadamente a década de 1950.

COMENTÁRIO

Com o final da II Guerra Mundial entram em cena o avião a jato, a telefonia digital, o computador e uma série de outras tecnologias que permitem a produção em escala gigantesca e a oferta de grande variedade de bens e serviços altamente inovadores.

A consequência dessas mudanças é o surgimento de novas ideias no campo da administração, que são abordadas neste módulo.

ADMINISTRAÇÃO GERAL

A escola das relações humanas tem origem na experiência realizada em Hawthorne entre os anos de 1924 e 1932 a fim de se verificar o impacto da iluminação sobre a produtividade. Seus autores se dedicam ao estudo de como os fatores presentes no ambiente físico e social afetam o desempenho de uma pessoa e a sua satisfação no trabalho.

Nas teorias clássicas da administração, acreditava-se que sistemas perfeitos e bem-ajustados garantiriam a eficiência do trabalho. A ideia predominante era que, para atingir as metas propostas, bastava ter objetivos bem definidos e uma boa estrutura burocrática. No momento em que se percebe que o sucesso da organização depende da gestão de pessoas, começa a se firmar, então, uma abordagem das organizações centrada nas relações humanas (Motta e Vasconcelos, 2002).

Por volta da década de 1930, contudo, começou-se a perceber que o sucesso da organização não pode ser dissociado da gestão de pessoas. E que esta envolve uma série de incertezas, pois o ser humano não é totalmente controlável e previsível.

Experiência de Hawthorne

Marco inicial dos estudos de administração com ênfase nas pessoas, a teoria das relações humanas surgiu com uma série de experiências realizadas entre 1924 e 1932. Essas experiências se deram na fábrica da Western Electric Company, em Hawthorne, nas proximidades de Chicago (EUA).

Um grupo de pesquisadores da Universidade de Harvard foi contratado para verificar se as variações na iluminação da fábrica afetavam o desempenho dos trabalhadores (Maximiano, 2000).

A expectativa era de que a iluminação mais intensa resultasse em aumento de produtividade. A partir dessa hipótese, foram, então, formados dois grupos: um que

> ### EXPERIÊNCIA DE HAWTHORNE
>
> Experiência conduzida por Elton Mayo, entre 1927 e 1932, em Hawthorne, Chicago, na fábrica Western Electric Company.
>
> Mayo pretendia descobrir os fatores que afetavam a produtividade. As surpreendentes conclusões mostraram que as variáveis psicológicas exercem forte influência sobre o trabalho dos operários. A experiência em Hawthorne permitiu o delineamento dos princípios básicos da escola das relações humanas.

teve a iluminação aumentada, e outro, de controle, para o qual foi mantida a iluminação convencional.

Surpresos, os pesquisadores constataram que a produtividade havia aumentado nos dois grupos.

Pesquisas posteriores mostraram que o resultado também se repetia quando se manipulavam outros fatores, como a oferta de alguns benefícios. Quando foram oferecidos aos trabalhadores lanches e intervalos de descanso, a produtividade aumentou. Mas a produtividade continuou crescendo mesmo após a supressão dos benefícios.

Constatou-se, portanto, que não havia relação entre os fatores manipulados – iluminação e benefícios – e a produtividade (Motta e Vasconcelos, 2002:53).

Por que, então, o trabalho teria se tornado mais eficiente durante as pesquisas?

Em busca de uma resposta para essa pergunta, a companhia colocou em cena um outro grupo de pesquisadores: psicólogos industriais chefiados pelo australiano Elton Mayo.

> **ELTON MAYO**
>
> Psicólogo australiano, professor e diretor da Harvard Business School, a escola de administração de empresas de Harvard, é considerado o pai das relações humanas.

Mayo e a nova filosofia da administração

Com base nos resultados da experiência de Hawthorne, Mayo e os psicólogos industriais chegaram a conclusões que criaram uma nova teoria da administração: a teoria das relações humanas.

> **COMENTÁRIO**
>
> Os trabalhadores passaram a produzir mais porque eram observados pelos pesquisadores, o que os levou a acreditar que a direção estava preocupada em melhorar suas condições de trabalho. Na verdade, o comportamento dos indivíduos muda diante do simples fato de serem observados.
>
> [Fábrica da Western Electric Company, em Hawthorne, nas proximidades de Chicago, EUA.]

Determinantes da produtividade

A partir de Hawthorne, Mayo e os psicólogos industriais chegaram a algumas conclusões, aqui resumidas por Chiavenato (1999), Maximiano (2000) e Motta e Vasconcelos (2002):

- a produtividade é determinada por padrões e comportamentos informais estabelecidos pelo grupo de trabalho;
- os padrões e comportamentos são influenciados por elementos da cultura e por hábitos dos trabalhadores;
- o operário não reage como indivíduo isolado, mas sim como integrante de um grupo;
- o indivíduo é mais leal ao grupo do que à administração. Logo, se o grupo decide ser leal à administração, a empresa consegue resultados positivos;
- a pessoa é motivada pela necessidade de estar junto com os colegas, de ser reconhecida e se comunicar adequadamente.

COMENTÁRIO

A administração deve formar chefes capazes de compreender e de se comunicar com seus subordinados.

Esse enfoque comportamental da administração recebeu contribuições de diversos outros autores.

Na década de 1930, surgiram pesquisas acerca da influência do grupo sobre o comportamento individual. Os anos 1950 e 1960 foram marcados pelos estudos sobre liderança e motivação. Em 1990, foi a vez da teoria da inteligência emocional (Maximiano, 2000).[1]

Os autores desta escola veem o homem como agente passivo, que pode ser controlado a partir de estímulos diferenciados.

TEORIA DA INTELIGÊNCIA EMOCIONAL

Interferência das emoções que nos leva a atuar de forma inteligente, a nosso favor ou contra nós.

Significa dizer que, embora a emoção exista em nós em estado bruto – no inconsciente, de acordo com a psicanálise –, ela interfere de forma mais ou menos favorável no nosso desempenho como um todo, facilitando ou dificultando nossas percepções e relações, das mais concretas às mais abstratas.

---

[1] Muitas das teorias desenvolvidas nestas épocas são apresentadas dentro da abordagem comportamentalista.

Na escola das relações humanas, mantém-se a estrutura de organização das tarefas proposta pelos autores da administração clássica (Motta e Vasconcelos, 2002).

> **QUESTÕES PARA REFLEXÃO**
>
> • Qual foi a contribuição da experiência de Hawthorne para o desenvolvimento da teoria organizacional?
>
> • Quais são os pontos de convergência e os pontos de divergência entre a escola das relações humanas e os autores das teorias clássicas da administração?

Abordagem estruturalista

Fortemente influenciado pela sociologia, o estruturalismo procurou compatibilizar ideias da teoria clássica e da teoria das relações humanas. Na busca dessa síntese, preocupou-se tanto com o estudo das organizações formais quanto informais.

Na década de 1950, um grupo de teóricos da administração começou a buscar uma síntese que englobasse os aspectos mais importantes da escola clássica e da escola das relações humanas. Seu principal representante foi Amitai Etzioni, sociólogo organizacional de origem alemã.

> **AMITAI ETZIONI**
>
> Sociólogo da Universidade George Washington e diretor do Instituto de Estudos de Políticas Comunitárias. Autor de *Organizações modernas, Political unification revisited: on building supranational communities e Winning without war.*

Segundo Etzioni, as escolas clássica e das relações humanas não viam um dilema insolúvel entre a busca de racionalidade por parte da organização e a busca da felicidade por parte do trabalhador. Já para os estruturalistas, as duas posições criavam um dilema organizacional que poderia ser reduzido, mas não eliminado (Caravantes, Panno e Kloeckner, 2005). Para Etzioni, a questão central da teoria das organizações é encontrar o ponto de equilíbrio entre os elementos racionais e não racionais do comportamento humano (Caravantes, Panno e Kloeckner, 2005).

Caráter abrangente do estruturalismo

O estruturalismo procurou fugir à rigidez do modelo burocrático da escola clássica, dedicando-se tanto ao estudo da organização formal quanto informal. Procurando abordar outros aspectos importantes do desenho estrutural, os estudiosos desta escola incorporaram à teoria organizacional temas como conflito, alienação e poder.

> **ESTRUTURALISMO**
>
> Corrente de pensamento nas ciências humanas que se inspirou no modelo da linguística e que apreende a realidade social como um conjunto formal de relações.

COMENTÁRIO

Os estruturalistas procuraram estender sua análise para além dos limites da organização industrial, passando a se dedicar ao estudo, por exemplo, de escolas, prisões e hospitais.

Por fim, os estruturalistas se preocuparam com o estudo da tecnologia e do ambiente externo.

De forma resumida, podemos dizer que a análise organizacional feita pelos estruturalistas abrangia (Caravantes, Panno e Kloeckner, 2005:89):

- tanto a organização formal quanto a informal, bem como suas inter-relações;
- o objetivo e o alcance dos grupos informais e as relações desses grupos dentro e fora da organização;
- tanto os níveis mais altos quanto os mais baixos na organização;
- tanto as recompensas materiais quanto as não materiais;
- a interação da organização com seu ambiente;
- tanto organizações de trabalho quanto as outras, de natureza diferenciada.

QUESTÃO PARA REFLEXÃO

Qual foi o dilema percebido pelos estruturalistas que não havia sido identificado nas abordagens anteriores?

Abordagem comportamentalista

> **COMENTÁRIO**
>
> Os comportamentalistas retomam o movimento humanista iniciado pela escola das relações humanas. Seus autores veem o comportamento organizacional como resultado de uma rede de processos decisórios abrangendo planejamento, controle, organização e direção.

A escola das relações humanas apresentou uma importante variação, classificada como teoria comportamental. Embora muitos dos trabalhos incluídos nessa linha tenham sido feitos por volta da década de 1930, seu auge aconteceu após os anos 1950.

Os teóricos comportamentalistas, a exemplo dos autores da escola das relações humanas, enfatizaram a importância do indivíduo para a organização.

> **TEORIA COMPORTAMENTAL**
>
> Marca uma das mais profundas influências das ciências comportamentais na administração. Baseia-se, principalmente, na psicologia organizacional e nas proposições acerca da motivação humana – as necessidades humanas básicas. Caracteriza as organizações como sistemas sociais cooperativos ou como sistemas de decisões.

Os comportamentalistas, no entanto, não acreditavam que o trabalhador feliz fosse, automaticamente, sinônimo de trabalhador produtivo.

Os comportamentalistas procuraram investigar variáveis específicas ligadas ao comportamento dos indivíduos, como decisão, motivação e conflito (Caravantes, Panno e Kloeckner, 2005). Nos estudos realizados pelos autores desta escola, o comportamento individual cede espaço ao comportamento grupal e, posteriormente, ao comportamento organizacional.

O comportamento organizacional seria resultado de uma intensa rede de processos decisórios que permeia a organização.

Os processos decisórios passam pelas tarefas de:

- planejamento;
- controle;
- organização;
- direção (Chiavenato, 1999).

Autores comportamentalistas

Dentre os autores da abordagem comportamentalista,[2] Caravantes, Panno e Kloeckner (2005) destacam Chester Barnard, Herbert Simon, Abraham Maslow, Frederick Herzberg, Douglas McGregor, David McClelland, Rensis Likert e Kurt Lewin.

CHESTER BARNARD

Um dos mais importantes autores dessa vertente, Barnard enfatizou as tensões entre o indivíduo e a organização. Para ele, ao contrário do que supunham os teóricos da administração científica, fatores como seleção, vigilância e incentivos não asseguram a colaboração do trabalhador e a sua obediência às normas da organização.

Os indivíduos entram nas organizações porque, sozinhos, não conseguem realizar os seus objetivos pessoais.

O papel central do executivo, segundo Barnard, é criar mecanismos de incentivo e recompensas que estimulem os trabalhadores a cooperar com a organização.

É também papel do executivo criar valores e outras formas morais de obter o comprometimento do indivíduo com a organização (Caravantes, Panno e Kloeckner, 2005).

HERBERT SIMON

Simon dedicou-se à análise do processo decisório, com ênfase nos aspectos psicológicos do comportamento humano. Defendeu ainda que o processo decisório é mais efetivo quando inserido em uma estrutura hierárquica, por ele classificada como "arquitetura da complexidade".

Cunhou e explicitou termos importantes para a administração, como "racionalidade limitada", "satisfação" e "otimização".

---

[2] Muitos autores abordam os comportamentalistas dentro da escola das relações humanas, na qual incluem nomes como Chester Barnard e Kurt Lewin. Aqui, adotamos a divisão feita por Caravantes, Panno e Kloeckner (2005).

FREDERICK HERZBERG

Herzberg concebeu a teoria dos dois fatores, que pode ser resumida da seguinte forma: a satisfação profissional é motivada por fatores distintos daqueles que causam a insatisfação.

Segundo Herzberg, a satisfação encontra-se relacionada a fatores motivadores ligados à própria tarefa, como responsabilidade e promoção profissional. Já a insatisfação seria causada por fatores higiênicos, externos à tarefa, como o ambiente de trabalho e o tipo de supervisão recebida.

DOUGLAS McGREGOR

McGregor tornou-se mundialmente conhecido por suas teorias X e Y. Segundo a teoria X, o ser humano médio é naturalmente avesso ao trabalho. Para se dedicar a ele, precisa ser controlado, coagido e ameaçado de punição. Já a teoria Y diz que as pessoas não são naturalmente passivas nem resistem às necessidades da organização.

McGregor também desenvolveu a teoria da profecia autorrealizável, que gira em torno da ideia de que os indivíduos tendem a ajustar seu comportamento às expectativas daqueles que se encontram em nível hierarquicamente superior (Caravantes, Panno e Kloeckner, 2005).

Segundo a teoria Y, cabe à administração criar as condições ideais para que os esforços das pessoas sejam dirigidos rumo aos objetivos organizacionais.

DAVID McCLELLAND

McClelland é autor da teoria das três necessidades: as pessoas têm necessidades de realização, de afiliação e de poder.

Para o autor, a necessidade de realização não provém de algo inato na pessoa, mas sim de um aprendizado. Logo, a educação pode ser um fator de crescimento e de desenvolvimento humano.

RENSIS LIKERT

Likert dedicou-se a estudar a relação entre estilo de gerência e supervisão, de um lado, e desempenho e satisfação do indivíduo, de outro.

A partir desses estudos, Likert chegou a quatro sistemas para classificar os estilos gerenciais: autoritário-coercitivo, autoritário-benevolente, consultivo e participativo. Este último – o sistema 4 – estaria diretamente relacionado com a satisfação no trabalho, favorecendo uma série de resultados positivos para a organização (Caravantes, Panno e Kloeckner, 2005).

KURT LEWIN

Lewin introduziu a questão do "campo de força" – um lado impulsiona a organização em direção à mudança e outro procura afastá-la dela. Para que as pessoas abandonem suas velhas formas de trabalho, devem ser consideradas as seguintes estratégias:

- **descongelar** – perturbar o estado de equilíbrio;
- **mover** – deixar de lado o velho comportamento e adotar um novo;
- **recongelar** – estabelecer o novo padrão como forma de comportamento (Caravantes, Panno e Kloeckner, 2005).

A mudança, segundo ele, começa com a desestabilização do estado de equilíbrio existente.

Resumo dos teóricos comportamentalistas

O pensamento dos teóricos comportamentalistas e sua contribuição para a teoria organizacional são assim resumidos por Caravantes, Panno e Kloeckner (2005):

QUADRO 3a: CONTRIBUIÇÕES DOS COMPORTAMENTALISTAS

Autor	Kurt Lewin	Chester Barnard	Herbert Simon
Obra principal	*Field theory in social science* (1951)	*As funções do executivo* (1938)	*Comportamento administrativo* (1947)
Contribuições à teoria geral da administração	Conexões entre disciplinas variadas e aproximação entre teoria e prática.	Estudou a relevância dos executivos no desempenho organizacional. Introduziu a reflexão ética no comportamento das organizações.	Estudou os aspectos psicológicos do comportamento humano em situações de decisão. Criou uma terminologia apropriada à teoria da administração.
Comentário dos autores	Propôs o que pode ser considerado o primeiro modelo de mudança planejada.	Foi muito importante a sua ideia de que a criação de um alto nível de moralidade cria um ambiente favorável à autocorreção do comportamento organizacional.	Sua obra *Comportamento administrativo* contribuiu para que a administração passasse a ser considerada uma ciência.

Fonte: Adaptado de Caravantes, Panno e Kloeckner (2005:136-137).

QUADRO 3b: CONTRIBUIÇÕES DOS COMPORTAMENTALISTAS

Autor	Abraham Maslow	Frederick Herzberg	Douglas McGregor
Obra principal	*Motivação e personalidade* (1954)	*O trabalho e a natureza do homem* (1966)	*O lado humano da empresa* (1960)
Contribuições à teoria geral da administração	Estudos sobre a motivação humana em geral e sobre a motivação humana no trabalho.	A distinção entre fatores higiênicos e motivacionais contribuiu para um melhor entendimento do comportamento humano no trabalho.	Seus conceitos referentes à teoria X, teoria Y e profecia autorrealizável são marcos referenciais na teoria geral da administração.
Comentário dos autores	Contribuiu para o entendimento do comportamento humano.	Complementou o trabalho de Maslow. Sua teoria merece ser testada em outros ambientes e em outras organizações.	Sua obra é a base do desenvolvimento das ciências comportamentais aplicadas e da abordagem do desenvolvimento organizacional.

Fonte: Adaptado de Caravantes, Panno e Kloeckner (2005:137).

ADMINISTRAÇÃO GERAL

QUADRO 3c: CONTRIBUIÇÕES DOS COMPORTAMENTALISTAS

Autor	David McClelland	Rensis Likert
Obra principal	*The achieving society* (1961)	*New patterns of management* (1962)
Contribuições à teoria geral da administração	Seus conceitos de necessidade de realização e de poder ainda são úteis na operação organizacional.	Contribuiu para o avanço da ciência administrativa assim como a conhecemos hoje.
Comentário dos autores	Seus estudos empíricos e os módulos de treinamento deles derivados seriam de valia no Brasil.	Sua abordagem teórica, especialmente a visão do sistema 4, mereceria ser mais bem trabalhada e reaplicada em face do seu potencial de retorno.

Fonte: Adaptado de Caravantes, Panno e Kloeckner (2005:136-137).

QUESTÕES PARA REFLEXÃO

- O que distingue os comportamentalistas dos autores da escola das relações humanas? Como essas diferenças se refletem em seu trabalho?
- Para Chester Barnard, qual foi o principal equívoco cometido pelos teóricos da administração científica?
- No que consistem a teoria X e a teoria Y de Douglas McGregor?

Teoria geral dos sistemas

CONCEITOS-CHAVE

Sistema é qualquer entidade conceitual ou física, composta de partes inter-relacionadas, interatuantes ou interdependentes (Caravantes, Panno e Kloeckner, 2005:147).

Teoria de sistemas é a teoria que visualiza as organizações como sistemas abertos, compostos de subsistemas e em constante interação com seu meio ambiente (Chiavenato, 1999).

Para a escola clássica da administração, as organizações são um sistema fechado e o que garante seu bom funcionamento é o ajuste perfeito das partes.

A partir da década de 1950, contudo, as pesquisas do biólogo Ludwig Von Bertallanfy e do economista Kenneth Boulding, as-

LUDWIG VON BERTALLANFY

Criador da "teoria geral dos sistemas". Graduado em biologia, interessou-se desde cedo pelos organismos e pelos problemas do crescimento.

Seus trabalhos iniciais datam dos anos 1920 e são sobre a abordagem orgânica. Com efeito, não concordava com a visão cartesiana do universo. Imprimiu, então, uma abordagem orgânica na biologia e

sim como os estudos sociotécnicos, popularizaram uma nova concepção.

A nova concepção que surgia estava centrada na ideia de que as organizações são sistemas abertos e não funcionam de forma autônoma. Elas operam em um ambiente no qual se verifica a interação de diversos elementos. Assim, modificações ocorridas em uma parte desse sistema interferem no funcionamento de outras partes que compõem o todo (Motta e Vasconcelos, 2002).

Desenvolvida por Bertallanfy, a teoria geral dos sistemas foi aplicada a diversas ciências. No campo da administração, ela se traduziu na ideia de que as organizações possuem duas características centrais:

tentou fazer com que aceitassem a ideia de que o organismo é um todo maior que a soma de suas partes. Criticou a visão de que o mundo é dividido em diferentes campos do saber, como física, química, biologia, psicologia etc.

Ao contrário, sugeria que se deve estudar sistemas globalmente, de forma a envolver todas as suas interdependências, pois cada um dos elementos, ao serem reunidos na constituição de uma unidade funcional maior, desenvolvem qualidades que não se encontram em seus componentes isolados.

KENNETH BOUILDING

Economista, homem de letras e grande ativista pela paz. Sua maior contribuição para a economia foi a combinação entre valores humanos e eficiência técnica. Seus trabalhos apresentam um conteúdo criativo não só em economia, mas também em outras ciências sociais.

Boulding formou-se em Oxford, na Inglaterra, mudando-se logo após para os Estados Unidos. Foi presidente de várias organizações, como a Society for General Systems Research, a International Peace Research Society e a American Association for the Advancement of Science. Ministrou aulas na University of Michigan e na University of Colorado, onde tornou-se professor emérito.

- **totalidade** – o todo não equivale à soma de suas partes. Assim, é preciso ver o conjunto, e não cada parte separadamente;
- **propósito** – o que determina a importância da organização para o sistema é sua função, e não sua estrutura (Chiavenato, 1999).

Componentes e características de um sistema

Segundo Caravantes, Panno e Kloeckner (2005), do ponto de vista organizacional, um sistema apresenta os seguintes componentes e características:

Insumos (entradas, *inputs*)

Recursos materiais, humanos, financeiros e tecnológicos de que a organização necessita para operar. Por exemplo, trabalhadores, máquinas e capital de giro.

Processamento (*throughput*)

Estrutura interna que permite à organização transformar os insumos recebidos.

Saídas (produto, *output*)

Produtos gerados após a transformação dos insumos, que são colocados no meio ambiente da organização.

Entropia

Tendência de desagregação apresentada por todo sistema. Por meio de *inputs* provenientes do ambiente externo, os sistemas abertos podem buscar novos rumos, interrompendo a entropia.

Homeostase

Providências tomadas pela organização para recuperar o equilíbrio quando algo ocorre de forma não prevista.

Retroalimentação (realimentação, *feedback*)

Capacidade que o sistema tem de reajustar sua conduta para manter ou alterar seu desempenho futuro.

QUESTÕES PARA REFLEXÃO

- O que são sistemas abertos e sistemas fechados?
- Para a teoria geral dos sistemas, quais são as características centrais da organização?
- O que é a entropia? Qual tipo de sistema pode reagir a ela? Exemplifique.

Abordagem contingencial

Fortemente influenciado pela sociologia, o estruturalismo procurou compatibilizar ideias da teoria clássica e da teoria das relações humanas.

A abordagem contingencial surge em uma época de grandes transformações. A partir de 1970, a convergência de uma série de fatores tecnoeconômicos, como a crise do petróleo e o avanço da microeletrônica, enseja uma série de mudanças.

Os mercados se tornam nacionais ou internacionais, acelera-se a globalização e a inovação se firma como um imperativo para a sobrevivência das organizações. Os contingencialistas buscam na administração caminhos que possam fazer frente a essas mudanças.

Derivada da teoria dos sistemas, a teoria da contingência surgiu após a década de 1970. Sua ideia central é que organizações bem-sucedidas são aquelas capazes de se ajustar às pressões e contingências do ambiente. E também de aproveitar as oportunidades por ele oferecidas.

A contingência é representada por uma eventualidade. Algo que pode ou não se concretizar.

> **TEORIA DA CONTINGÊNCIA**
>
> Teorização defensora do relativismo, cujo pilar é a crença na inexistência do absoluto no que tange a organizações e à teoria administrativa. De acordo com esta teoria, há um deslocamento da visão de dentro para fora da organização. As características da organização não dependem dela mesma, mas são condicionadas por questões do ambiente. Trata-se, portanto, de uma relação funcional entre as condições do ambiente e as técnicas administrativas apropriadas.

> Para os autores dessa abordagem, tudo é efêmero. No mundo sofisticado dos negócios, não teria mais sentido a ideia de organização definitiva e permanente. Para sobreviver e crescer, a organização precisa estar em processo de contínua mudança, por meio de inovação, renovação e revitalização (Chiavenato, 1999).

A teoria da contingência reúne dois princípios básicos:
- não existe uma melhor maneira de organizar;
- se uma forma de organizar foi eficiente em uma situação, isso não significa que ela será eficiente em todas as situações (idem).

Ao centrar sua análise no ambiente, essa abordagem forçou a organização a olhar além dos seus problemas internos, a entender o mundo que existe ao seu redor.

> Na abordagem contingencial, existe a preocupação em relacionar a modelagem organizacional com outros elementos, distintos da pura construção intelectual do administrador.

Elementos centrais da teoria da contingência

Os elementos centrais da teoria da contingência podem ser resumidos em:

- ambiente;
- estrutura;
- tecnologia.

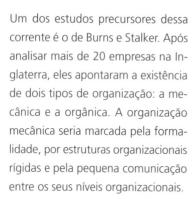

A organização está inserida em um determinado ambiente que, juntamente com a tecnologia, define a sua estrutura.

Um dos estudos precursores dessa corrente é o de Burns e Stalker. Após analisar mais de 20 empresas na Inglaterra, eles apontaram a existência de dois tipos de organização: a mecânica e a orgânica. A organização mecânica seria marcada pela formalidade, por estruturas organizacionais rígidas e pela pequena comunicação entre os seus níveis organizacionais.

A organização orgânica seria caracterizada por estruturas com papéis não muito distintos, em que a capacidade de decisão é difusa e a descentralização, maior. Já o modelo mecânico ocorreria em um ambiente mais dinâmico, ou turbulento, de mercado caracterizado por competição acirrada e intensa busca por inovação (Motta e Vasconcelos, 2002).

BURNS E STALKER

Burns é sociólogo industrial, conhecido por sua teoria dos sistemas orgânico e mecânico. Nesta teoria, os autores identificaram duas tipologias de organizações que se formam e se adaptam conforme o tipo de pressão ambiental.

Stalker, sociólogo, é conhecido pela teoria dos sistemas orgânico e mecânico, formulada com Tom Burns e editada na obra *The management of innovation*. Essa teoria representou uma grande contribuição para a abordagem contingencial da administração.

A pesquisa indicou que o modelo mecânico é mais comum nos ambientes de baixa inovação tecnológica e de demanda regular e previsível.

> **QUESTÕES PARA REFLEXÃO**
> - Quais são os elementos centrais da teoria contingencialista e como eles se inter-relacionam?
> - Para os contingencialistas, como as organizações devem lidar com a mudança?

Abordagem neoclássica

Para os autores da abordagem neoclássica, a administração deve ser centrada em atingir as metas traçadas. Isso se consegue por meio de planejamento, organização, direção e controle. Trata-se de uma abordagem eclética, que recebeu contribuições das teorias anteriores.

Introduzida na década de 1950, a abordagem neoclássica promove uma atualização dos conceitos disseminados pela escola clássica da administração. A escola clássica de administração, também denominada escola do processo administrativo, incorpora o princípio de que o administrador está sempre planejando, organizando, dirigindo e controlando as atividades da organização. Seu objetivo é garantir que a organização atinja os objetivos da maneira mais adequada, considerando-se os recursos disponíveis e as condições do ambiente (Chiavenato, 1999).

Essa abordagem incorporou contribuições bastante diversificadas, mas, de forma resumida, pode-se definir como três as suas características principais:
- ênfase na prática da administração;
- reafirmação relativa dos postulados clássicos;
- ênfase nos princípios gerais da administração (Caravantes, Panno e Kloeckner, 2005).

Administração por objetivos

Forjado nos Estados Unidos, país conhecido por seu pragmatismo, o movimento neoclássico é marcado por expressões como "consecução de objetivos" e "obtenção de resultados" pelas organizações.

> **JOHN HUMBLE**
>
> Especialista britânico na área de *management*, muito conhecido por ser um expoente mundial em administração por objetivos, ou MBO (*management by objectives*).

Seus principais expoentes são Peter Drucker, nos Estados Unidos, e John Humble, na Inglaterra. Ambos desenvolveram uma metodologia administrativa calcada na obtenção de resultados organizacionais.

EM RESUMO

A administração por objetivos desenvolvida por esses autores consiste em uma tecnologia gerencial para motivar o desempenho de gerentes e subordinados, por meio de participação na definição de objetivos e de *feedback*.

Uma segunda corrente se abrigou no movimento neoclássico, sendo representada por autores como Herbert Simon, Philip Selznick e Talcott Parsons.

Essa corrente concentrou sua atenção na crítica à escola clássica por acreditar na existência de princípios científicos que seriam universalmente aceitos (Caravantes, Panno e Kloeckner, 2005).

HERBERT SIMON

Teórico clássico na área da administração que desenvolveu famosos estudos sobre decisão, acreditando que esta pode ou não ser programada.

Publicou uma polêmica afirmação – "nossa racionalidade é limitada" – que se opõe à crença comum de que os seres racionais detêm todo o saber da humanidade.

PHILIP SELZNICK

Lecionou nas universidades de Minnesota e na UCLA antes de ir para Berkeley, em 1952, para incorporar a cadeira do Departamento de Sociologia. Organizou o Centro para Estudos de Leis e Sociedade de Berkeley e fez parte do comitê que planejou o Programa de Políticas Sociais e Jurisprudência.

TALCOTT PARSONS

Professor da Universidade de Harvard na década de 1950, é considerado o grande teórico da família na sociologia. Através do estruturalismo, prega que a sociedade moderna e industrializada é uma sociedade de organizações, das quais o homem passa a depender para nascer, viver e morrer. Defende, ainda, que o todo é maior do que a soma das partes.

QUESTÃO PARA REFLEXÃO

No que consiste a administração por objetivos?

OUTRAS ESCOLAS DE ADMINISTRAÇÃO | **61**

Abordagem do desenvolvimento organizacional

> **COMENTÁRIO**
>
> Os teóricos do desenvolvimento organizacional procuraram utilizar as ideias das abordagens comportamentalista e sistêmica da administração para solucionar problemas práticos enfrentados pelas organizações. Embora tivessem visão sistêmica, na prática, enfatizaram os aspectos comportamentais da administração.

Concebida por volta das décadas de 1960-1970, a abordagem do desenvolvimento organizacional também incorpora a preocupação com respostas para as mudanças mundiais que se encontravam em curso, e que enfatiza o desenvolvimento planejado das organizações. Entre as mudanças em curso estavam o crescimento do desemprego, o acirramento dos movimentos estudantis, a Guerra do Vietnã e uma série de conflitos raciais e sociais.

> **COMENTÁRIO**
>
> A proposta dos autores dessa abordagem era uma estratégia educacional destinada a mudar as crenças, as atitudes e os valores das organizações, a fim de que elas pudessem se adaptar às mudanças.

Baseado em experiências já vividas, o desenvolvimento organizacional seria uma mudança planejada. Essa mudança planejada poderia abranger a estrutura e/ou o comportamento das pessoas, seus valores, atitudes e relações (Caravantes, Panno e Kloeckner, 2005).

Visão pragmática da administração

Os autores do desenvolvimento organizacional recorreram aos conhecimentos desenvolvidos pelos teóricos das abordagens comportamentalista e sistêmica da administração, procurando associar esses conhecimentos à resolução de problemas práticos enfrentados pelas organizações.

Para os autores, os agentes externos à organização – um consultor, por exemplo – tendem a ser mais eficazes para promover as mudanças necessárias. Isso por não estarem envolvidos em disputas e competições internas. Seria necessário, entretanto, estabelecer um clima de estreita cooperação entre o consultor e os integrantes da organização.

> **COMENTÁRIO**
>
> Inúmeros autores contribuíram para a difusão dessa abordagem nos anos 1970, dentre os quais se pode destacar: Richard Beckhard, Chris Argyris, Tannenbaum, Ferguson, Bradford, Davis, Burke, Blake, Mouton, Lawrence e Lorsch (Caravantes, Panno e Kloeckner, 2005).

> **QUESTÕES PARA REFLEXÃO**
>
> • Por que, para os teóricos do desenvolvimento organizacional, um agente externo à empresa estaria mais apto a promover mudanças internas?
> • Quais são as principais proposições dos teóricos do desenvolvimento organizacional?

Abordagens da administração na década de 1980

Na década de 1980, a preocupação com a qualidade passou a ser de responsabilidade de todos e de todas as áreas da organização.

O atendimento às normas da série ISO 9000 se firmou como condição para o credenciamento de fornecedores junto a diversos grupos, nacionais e internacionais. Vieram à tona as vantagens do toyotismo, sistema de produção desenvolvido no Japão baseado no combate ao desperdício e na obsessão pela qualidade.

> **TOYOTISMO**
>
> Modo de organização da produção que surgiu na Toyota, após a II Guerra Mundial, mas somente na década de 1970 é que passou a ser considerado o "modelo japonês" de produção, ganhando dimensão global.

Movimento da qualidade

O controle formal da qualidade remonta ao início do século XX, quando se deu o advento da produção em massa.

Inicialmente, o que se verificou foi uma preocupação com a inspeção, já presente nas teorias de Taylor. O que se procurava, na época, era detectar produtos defeituosos.

Posteriormente, evoluiu-se para o controle estatístico. Iniciado por volta dos anos 1920, ele consistia em separar os produtos bons dos ruins por meio de amostragem.

O auge do controle estatístico se deu com a II Guerra Mundial. Necessitando de grande quantidade de itens de alta qualidade, as Forças Armadas americanas adotaram procedimentos científicos de inspeção (Maximiano, 2000).

Nessas duas fases, a ênfase estava na qualidade dos produtos ou serviços. Na década de 1980, contudo, despertou-se para a importância do comportamento humano. A partir dos anos 1980, a qualidade, até então associada à produção, aos produtos ou à aplicação de técnicas transformou-se em um modelo de gestão. Surgia o movimento da qualidade total (Caravantes, Panno e Kloeckner, 2005).

Qualidade total

Até a década de 1980, o conceito de qualidade encontrava-se ligado à inspeção e ao controle estatístico de processo. Com o movimento da qualidade total, a qualidade evoluiu para uma ideia mais abrangente, englobando várias funções, entre as quais: aperfeiçoamento constante, erro zero, gestão participativa e preocupação com liderança, motivação e comprometimento. Essas funções foram associadas a processos de planejamento visando à satisfação do cliente, termo que engloba os públicos interno e externo, assim como os fornecedores (Caravantes, Panno e Kloeckner, 2005).

> **QUALIDADE TOTAL**
>
> Conceito relacionado à ideia de que, em uma organização, todos devem se preocupar com a qualidade de seus trabalhos, ou seja, pressupõe-se a recusa de qualquer nível de defeito, visando sempre à satisfação do cliente.

Principais teóricos da qualidade total

William Edwards Deming

Responsável pelo salto de qualidade iniciado pelas indústrias japonesas pouco depois dos anos 1950, as ideias de Deming se tornaram mundialmente conhecidas a partir de 1982. Isso ocorreu com a publicação do livro *Qualidade: a revolução da administração*. Nessa obra, o autor propõe um método para administração da qualidade, envolvendo 14 princípios básicos, como a eliminação da administração por objetivos e a instituição de um sólido programa de autotreinamento.

Para colocar em prática esses princípios, ele propôs o ciclo PDCA, que integra as seguintes fases: planejamento, implementação das mudanças, observação dos efeitos e estudo dos resultados (Maximiano, 2000).

A. V. Feigenbaum

Autor de uma série de proposições, publicadas em 1961, às quais deu o nome de Total Quality Control (TQC). A ideia de qualidade difundida pelo TQC tem como ponto de partida o cliente – e não o engenheiro, o pessoal do marketing ou a alta administração. A qualidade deve envolver todas as áreas da empresa, exigindo um enfoque sistêmico. É preciso integrar as ações das pessoas, as máquinas, as informações e os demais recursos disponíveis. Em outras palavras, é preciso ter um sistema de qualidade.

> Feigenbaum dá ênfase particular ao fator humano. Como nenhum produto ou serviço pode dispensar o ser humano, dizia ele, a qualidade depende fundamentalmente da participação e do apoio das pessoas (Maximiano, 2000).

Kaoru Ishikawa

Ao contrário de Feigenbaum, Ishikawa não vê a qualidade como ação a ser conduzida por especialistas. Ele advoga que todas as divisões e todos os empregados têm de participar do estudo e da promoção da qualidade. Esse seu conceito, posteriormente, tornou-se conhecido em todo o mundo como "administração da qualidade total".

Ishikawa também criou os Círculos de Controle da Qualidade (CCQs). O CCQ é constituído por grupos de voluntários de um mesmo setor ou área de trabalho. Em reuniões realizadas regularmente, esses circulistas buscam soluções para problemas que estejam comprometendo a qualidade e a eficiência dos produtos (Maximiano, 2000).

Resumo das proposições da qualidade total

As proposições centrais dos três teóricos mais importantes da qualidade total foram assim resumidas por Maximiano (2000:74):

Qualidade total
Deming   • corrente de clientes;   • fazer certo da primeira vez;   • 14 princípios;   • inspeção não produz qualidade;   • ciclo PDCA.
Feigenbaum   • Total Quality Control;   • quem define qualidade é o cliente;   • qualidade é um problema de todos;   • para administrar a qualidade é necessário um sistema.
Ishikawa   • todos os funcionários e áreas da empresa respondem pela qualidade;   • método de resolução de problemas de qualidade;   • círculos da qualidade;   • diagrama de Ishikawa.

Norma ISO

Em Genebra, desde 1947, funciona a International Standardization Organization (ISO), organização privada e sem fins lucrativos. Em 1987, ela colocou em vigor manuais próprios de avaliação dos sistemas de qualidade. Esses manuais foram batizados de Normas ISO série 9000 e se destinavam a regulamentar as relações entre fornecedores e compradores.

Em cada país, a inspeção da adoção das normas ISO 9000 é feita por escritórios locais credenciados, que têm autorização para emitir certificados de conformidade (Maximiano, 2000).

> **ISO**
> Organização não governamental que liga os setores público e privado. É editora internacional de normalização. É formada por uma rede de 161 países, com um secretariado central em Genebra, na Suíça. Devido às várias siglas que recebia nos diferentes países, seus fundadores decidiram criar uma sigla comum: ISO, derivado do grego, que significa igual.

> **COMENTÁRIO**
> As normas ISO 9000 rapidamente se disseminaram pelo mundo. Diversas empresas passaram a exigir o seu cumprimento para credenciar fornecedores, especialmente estrangeiros.

Modelo japonês e o toyotismo

Iniciado nos anos 1950, o modelo japonês de administração tem origem naquilo que ficou conhecido como toyotismo.

Até o surgimento do modelo japonês, as empresas tinham a prática de manter recursos abundantes em máquinas e estoques.

> **COMENTÁRIO**
> O modelo japonês de administração começou a ser desenvolvido na Toyota, quando a montadora concluiu que os princípios fordistas não eram adequados à sua pequena escala de produção.

No Ocidente, isso era visto como precaução necessária para proteger a empresa contra emergências. Na Toyota, passou a ser encarado como desperdício.

A empresa decidiu, então, adotar o conceito *just-in-time*, que pode ser traduzido como "produzir apenas o necessário, no momento certo".

Paralelamente, a Toyota orientou seus trabalhadores a interromper a linha de produção sempre que detectassem um problema para o qual não tinham solução. Os trabalhadores deveriam, então, se perguntar o porquê do problema, até identificar a sua causa fundamental. Ou seja, os defeitos deixaram de ser tratados de forma pontual.

Com a adoção dessas medidas, a Toyota, que nos anos 1950 se encontrava em crise, chegou à década de 1980 como a terceira maior montadora do mundo.

Os preceitos adotados pela empresa se disseminaram rapidamente pelo Japão, recebendo uma série de outras contribuições. No conjunto, o sistema japonês de administração ficou conhecido como sistema de produção enxuta (Maximiano, 2000).

> **PRODUÇÃO ENXUTA**
>
> Conjunto de técnicas de produção e administração de empresas utilizadas para a eliminação de desperdícios e para o alcance de metas preestabelecidas relacionadas aos processos produtivos. Seu princípio básico é a combinação de novas técnicas gerenciais com máquinas cada vez mais sofisticadas, de modo a produzir mais, gastando menos recursos e mão de obra.

Teorias administrativas na era da informação

Uma nova etapa do mundo organizacional foi iniciada na década de 1990. Foi quando surgiu aquilo que se classifica como a era da informação. Nessa nova era, o conhecimento substitui o capital financeiro como recurso mais importante para a organização. É a era do capital intelectual (Chiavenato, 1999).

> **ERA DA INFORMAÇÃO**
>
> Também conhecida como era digital, é o período que vem após a era industrial, mais especificamente após a década de 1980, embora suas bases tenham começado no princípio do século XX e, particularmente, na década de 1970, com invenções tais como o microprocessador, a rede de computadores, a fibra óptica e o computador pessoal.

NOVAS TECNOLOGIAS DA INFORMAÇÃO

Tecnologias e métodos para comunicar surgidas no contexto da revolução informacional, "revolução telemática" ou terceira revolução industrial, desenvolvidas gradativamente desde a segunda metade da década de 1970 e, principalmente, nos anos 1990.

As novas tecnologias da informação criam o escritório virtual, os arquivos eletrônicos, a comunicação instantânea, a multimídia, a teleconferência e uma série de outras inovações.

Não há, ainda, um corpo estruturado de ideias capazes de configurar uma nova teoria administrativa. Mas as propostas convergem para uma série de orientações assim resumidas por Chiavenato (1999:60):

Aspectos organizacionais	Aspectos culturais
• redes internas de equipes e grupos; • células de produção; • unidades estratégicas de negócios; • simplicidade e agilidade; • organicidade e flexibilidade; • competitividade; • excelência; • adequação ao negócio e à missão; • aprendizagem organizacional.	• participação e envolvimento; • comprometimento pessoal; • orientação para o cliente ou usuário; • focalização em metas e resultados; • melhoria contínua; • comportamento ágil e proativo; • visão global e ação local; • proximidade/intimidade com o cliente; • mudança cultural e comportamental.

Capítulo 4

Funções da administração

Já apresentamos resumidamente os quatro processos apontados como as principais atribuições da administração: planejamento, organização, liderança e controle. Agora vamos estudá-los de forma mais detalhada. Neste capítulo, voltamos a adotar o recurso do caso de referência para fixação da teoria que acaba de ser ministrada.

A história da Nike

A Nike foi fundada em 1964, por Phil Knight, como um negócio de fundo de quintal, em Portland, Oregon. Era seu projeto de conclusão do curso de MBA em Stanford.

Phil Knight começou importando calçados do Japão até que seu sócio inventou uma sola, cozinhando borracha em uma chapa de *waffle*.

Em 1997, a Nike vendeu US$ 3,77 bilhões somente nos Estados Unidos, mercado do qual detinha 47% de participação em vendas. O segundo colocado era a Reebok, com vendas de US$ 1,28 bilhão e participação de 16%. No mundo, a Nike vendeu US$ 9,2 bilhões em 1977, apanhando 38% do mercado. Seu lucro nesse ano: US$ 796 milhões.

Algumas tendências nesse período eram:

- consumo anual *per capita* de produtos Nike: US$ 20 (Estados Unidos), US$ 2,5 (Alemanha) e US$ 6,5 (demais países);
- os comerciantes afirmavam que todos vendiam os mesmos produtos. As marcas não se diferenciavam umas das outras;

- constatou-se uma migração para produtos de outros tipos (sapatos esportivos e botas na cor marrom). A Reebok estimava que entre 15% e 20% dos negócios "brancos" tinham ficado "marrons" em 1997;

- a concorrência por parte de marcas como Adidas, Reebok e New Balance tornou-se mais agressiva;

- no Japão, os produtos Nike encalharam;

- um grupo americano de ativistas chamado Comitê Nacional do Trabalho acusou a Nike e outras empresas de administrar fábricas de trabalho escravo no Oriente. A revista *Time* visitou uma dessas fábricas e informou que eram modernas e limpas. O trabalho de montagem era manual, não muito diferente da época em que Knight havia começado. Os operários ganhavam US$ 73 por mês;

- a revista *Time* também informou que nos Estados Unidos alguns consumidores começaram a questionar se era justo pagar US$ 100 por um par de tênis que alguém ganhava US$ 3 por dia para fazer.

A Nike então definiu a meta de que se tornaria líder mundial no futebol até 2002, ano de Copa do Mundo. Sendo o futebol um esporte mundial, a empresa percebeu que não podia ter credibilidade como marca esportiva sem atuar com produtos para essa modalidade. Para ser líder, a Nike teria que vencer as marcas Umbro, Diadora, Puma e Adidas (que, no futebol, era três vezes maior que a Nike em nível mundial). Nos Estados Unidos, a Nike era a segunda no futebol.

Em 1998, a Nike aumentou seus investimentos em pesquisa e desenvolvimento (P&D) para lançar novos produtos:

- a Alpha, uma nova linha, era composta por calçados, roupas e equipamentos, inclusive óculos;

- a empresa começou a expandir as almofadas do calcanhar para toda a sola do sapato;

- camisetas e shorts passaram a ser feitos de um tecido que imitava a pela humana;

- a empresa projetou uma nova chuteira para Ronaldo, usando material sintético no lugar de couro. A chuteira pesava 50% menos que os modelos similares.

Os investimentos em promoção, naquele ano, foram de US$ 200 milhões para patrocinar a seleção brasileira de futebol e de US$ 130 milhões para a seleção norte-americana.

Adaptado de estudo de caso publicado em Maximiano (2000:231).

Planejamento

CONCEITO-CHAVE

Planejar é estabelecer metas, definir onde a organização quer chegar e como pretende fazê-lo.

Com o advento da sociedade industrial, o planejamento se tornou um processo crucial para a administração. Isso porque os novos sistemas e métodos de produção passaram a demandar recursos crescentes e a impor exigências mais severas à organização. Todos os recursos e as exigências demandavam ações de planejamento.

> **AS AÇÕES DE PLANEJAMENTO SÃO ASSIM DEFINIDAS POR DIFERENTES AUTORES:**
>
> O planejamento pode ser definido como o processo de estabelecer objetivos ou metas, determinando a melhor maneira de atingi-las (Megginson, Mosley e Pietri, 1998:129).
>
> O planejamento é o ponto de partida para qualquer ação que parta da gerência voltada para resultados (Caravantes, Panno e Kloeckner, 2005:404).

Processo de planejamento

Planejar significa olhar para frente, visualizar o futuro e o que deverá ser feito, elaborar bons planos e ajudar as pessoas a fazer hoje as ações necessárias para melhor enfrentar os desafios do amanhã (Chiavenato, 1999:213).

O processo de planejamento é a ferramenta que pessoas e organizações utilizam para administrar suas relações com o futuro. É uma aplicação específica do processo decisório (Maximiano, 2000:175).

De acordo com Chiavenato (1999), o planejamento é um processo constituído de seis passos sequenciais.

ADMINISTRAÇÃO GERAL

1. Definir os objetivos que se pretendem alcançar, pois são eles que orientam os principais planos da organização. Os objetivos devem deixar claro quais são os resultados pretendidos.

2. Verificar a situação atual em relação aos objetivos já no momento em que estes estão sendo definidos. É quando se verificam as providências a serem tomadas.

3. Desenvolver premissas quanto às condições futuras, ou seja, sobre quais são os ambientes esperados para os planos de ação. Consiste em traçar cenários futuros, verificando o que pode prejudicar ou contribuir para a realização dos objetivos.

4. Analisar as alternativas de ação a fim de que sejam feitas as escolhas necessárias para o alcance dos objetivos.

5. Escolher um curso de ação entre as várias alternativas, ou seja, tomar uma decisão quanto ao caminho que será trilhado. A alternativa escolhida se transforma no plano para realização dos objetivos.

6. Implementar o plano e avaliar os resultados, a fim de que, caso haja necessidade, sejam adotadas as devidas ações corretivas.

Resumo dos seis passos do planejamento

1. Definição dos objetivos
Para onde queremos ir?
2. Qual a situação atual?
Onde estamos agora?
3. Quais as premissas em relação ao futuro?
O que temos pela frente?
4. Quais as alternativas de ação?
Quais os caminhos possíveis?
5. Qual a melhor alternativa?
Qual o melhor caminho?
6. Implemente o plano escolhido e avalie os resultados
Como iremos colocá-lo em prática?

Fonte: Chiavenato (1999:217).

FUNÇÕES DA ADMINISTRAÇÃO | 73

> **TEORIA NA PRÁTICA A PARTIR DO CASO DE REFERÊNCIA DA NIKE**
>
> Para definir sua estratégia, a Nike adotou passos previstos no planejamento. Quais destes passos podem ser identificados no texto do caso de referência nº 2? Justifique.

Tipos de planejamento

O planejamento é uma função administrativa que permeia todos os níveis da organização – institucional, intermediário e operacional. Em cada nível, contudo, o planejamento assume uma configuração diferente.

> **COMENTÁRIO**
>
> Dependendo do nível organizacional em que se encontra, o planejamento assume caráter estratégico, tático ou operacional. O plano é o resultado imediato do planejamento.

Em nível institucional, o tipo mais característico é o planejamento estratégico. No nível intermediário, o planejamento é tático e, no nível operacional, o planejamento é operacional.

O resultado direto do planejamento em cada nível organizacional é o plano, que pode ser classificado de diferentes formas. Segundo Maximiano, o plano pode ser:

- permanente ou singular;
- de curto, médio ou longo prazo;
- abrangente ou restrito a algumas áreas da organização;
- revisado com frequência ou esporadicamente;
- formal ou informal.

Planejamento estratégico

> **CONCEITO-CHAVE**
>
> O planejamento estratégico é orientado para o futuro e pretende adaptar a organização a um ambiente em constante mutação.
>
> Elaborado em nível institucional, o planejamento estratégico tem o objetivo de definir planos capazes de orientar a organização a médio ou longo prazo.

ADMINISTRAÇÃO GERAL

Segundo Chiavenato (1999:226), o planejamento estratégico busca "responder a questões básicas como: por que a organização existe, o que ela faz e como faz". Megginson, Mosley e Pietri (1998:165), por sua vez, observam que o planejamento estratégico se distingue dos outros tipos de planejamento porque:

- envolve decisões tomadas pela alta administração;
- envolve apropriação de muitos recursos, como dinheiro, mão de obra ou capacidade física;
- tem impacto significativo a longo prazo;
- focaliza a interação da organização com o meio ambiente.

Características do planejamento estratégico

As características fundamentais do planejamento estratégico são definidas por Chiavenato (1999) de cinco formas distintas.

Tentar adaptar a organização a um ambiente mutável

A preocupação central é tornar a organização apta a enfrentar as pressões vindas do ambiente externo. Como este muda com frequência, o planejamento estratégico está sujeito a incertezas. Muitas decisões, portanto, são tomadas com base em julgamentos, não em fatos concretos.

Orientar-se para o futuro

A perspectiva é de longo prazo, conceito que varia de organização para organização.
Em outras palavras, a preocupação maior é com o amanhã, e não com o hoje.

Ser compreensivo

Abranger a organização como um todo, procurando coordenar as sinergias internas. Deve ter caráter sistêmico.

Ser um processo de construção do consenso

Como a organização é marcada por grande diversidade de interesses e necessidades, procura-se uma direção que convenha a todos.

Ser uma forma de aprendizagem organizacional

Para ajustar a organização às pressões vindas de fora, é preciso compreender as mutações do ambiente externo.

FUNÇÕES DA ADMINISTRAÇÃO | **75**

Etapas do planejamento estratégico

Maximiano (2000) define quatro etapas do planejamento estratégico:

Diagnóstico

Destinado a esclarecer a situação estratégica da organização, focaliza cinco elementos:

- objetivos;
- clientes e mercados;
- produtos e serviços;
- vantagens competitivas;
- desempenho.

É nessa fase que se define a missão da organização, ou seja, as razões para sua existência, procurando respostas para perguntas básicas como: "Qual é o nosso negócio? Quem são os nossos clientes? A quais necessidades estamos atendendo?"

Durante o diagnóstico, também se procura definir quais e quantos são os clientes, os negócios que eles têm com a organização e os mercados nos quais estão situados. Outra questão investigada nessa etapa é a participação de cada produto ou serviço nas vendas da organização, em um determinado período. Parte-se, então, para o levantamento das suas vantagens competitivas, ou seja, dos fatores que contribuem para o sucesso dos produtos e serviços da organização frente aos produtos e serviços dos concorrentes. Por fim, para verificar o desempenho da organização, estuda-se o comportamento da sua participação no mercado, a fim de que ela seja comparada com os concorrentes (Maximiano, 2000).

Análise do ambiente

Consiste em avaliar as ameaças e as oportunidades que se apresentam para a organização. Do ponto de vista da concorrência, por exemplo, é preciso verificar quem potencialmente pode entrar no mercado da organização, quem está lançando o que e quais são as inovações em relação ao que a organização oferece.

Outro fator importante para análise são os produtos que podem substituir aqueles oferecidos pela organização, questão decisiva para as atividades de desenvolvimento. Deve-se analisar, ainda, o poder dos clientes, pois eles podem fazer pressões que interferem em questões internas como preços e prazos. Os supermercados, por exemplo, têm grande poder de pressão sobre as indústrias que abastecem suas prateleiras.

É preciso analisar, também, o poder dos fornecedores, uma vez que eles podem, por exemplo, impor preços que descontrolam os custos da organização. No que diz respeito ao ambiente, outras análises importantes contemplam a identificação de novos nichos de mercado e o mapeamento da distribuição dos clientes quanto a fatores como localização geográfica, idade, sexo, renda, profissão e outras variáveis demográficas (Maximiano, 2000).

Análise interna

Consiste em levantar os pontos fortes e fracos da organização em relação a finanças, recursos humanos, marketing, produção, pesquisa e desenvolvimento, produtos e serviços, assistência ao consumidor e conhecimento do mercado. Esse levantamento pode ser feito por intermédio de:

- estudo das áreas funcionais – avalia os recursos e competências de cada área – marketing, recursos humanos, finanças, assim como as suas deficiências e vulnerabilidades;
- estudo do desempenho – verifica os resultados obtidos pela organização até o presente, focalizando, principalmente, finanças e vendas;
- *benchmarking* – técnica utilizada pela organização para comparar seu desempenho com o de outras, buscando as melhores práticas de administração (Maximiano, 2000).

Elaboração do plano estratégico

O plano estratégico é a última etapa do planejamento estratégico. O grau de profundidade do plano estratégico, sua abrangência e sua periodicidade variam de uma organização para outra (Maximiano, 2000).

> **CONCEITO-CHAVE**
>
> O plano estratégico define a missão, os objetivos e as estratégias da organização em um horizonte de médio ou longo prazo.

> **TEORIA NA PRÁTICA A PARTIR DO CASO DE REFERÊNCIA DA NIKE**
>
> O planejamento feito pela Nike para recuperar sua posição no mercado foi claramente do tipo estratégico. A partir dessa constatação, responda:
>
> • Considerando-se as características de planejamento estratégico aqui definidas, quais delas podem ser identificadas no planejamento feito pela Nike?
> • A Nike percorreu as etapas previstas no planejamento estratégico? Justifique.

Quem faz o planejamento estratégico

O planejamento estratégico, observam Megginson, Mosley e Pietri (1998), não é de responsabilidade de assessores especiais, mas, sim, dos "administradores de linha" da organização.

Nas grandes empresas, segundo os autores, o planejamento estratégico pode abranger vários níveis, tais como:

- o presidente e outros integrantes da alta administração;
- os gerentes gerais ou presidentes das subsidiárias;
- os gerentes funcionais das subsidiárias, que atuam em áreas como marketing, fabricação e finanças;
- os gerentes dos principais departamentos operacionais.

Planejamento tático

O planejamento tático se dá no nível intermediário da organização, tem horizonte de médio prazo e é concentrado nas metas de cada unidade de trabalho.

Em termos de abrangência, o planejamento tático se distingue do planejamento estratégico por estar restrito a uma determinada unidade organizacional. Ou seja, a um departamento ou divisão da organização. Desenvolvido pelo nível intermediário da administração, o planejamento tático costuma ter horizonte de médio prazo.

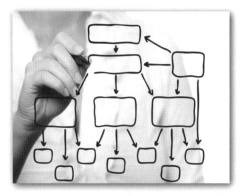

Ele tende, também, a ser um desdobramento do planejamento estratégico (Chiavenato, 1999). É o processo de detalhamento dos meios necessários à implementação das metas das unidades funcionais, dentro de um prazo determinado e mais reduzido. Ele está mais vinculado à operacionalização das metas. Normalmente, lida com volumes de recursos inferiores aos planos estratégicos.

Tipos de planejamento tático

De acordo com Chiavenato (1999), o planejamento tático é normalmente utilizado para a elaboração de:

Planos de produção
Envolvem métodos e tecnologias necessários como suporte para as atividades e tarefas desenvolvidas na organização.
Planos financeiros
Envolvem a captação e a aplicação do dinheiro que a organização necessita como suporte às suas diferentes operações.
Planos de marketing
Envolvem a venda e a distribuição dos bens e serviços no mercado, assim como o atendimento ao cliente.
Planos de recursos humanos
Envolvem o recrutamento, a seleção e o treinamento das pessoas que integram a organização.

Planejamento operacional

O último tipo de planejamento é o operacional, que cobre cada uma das tarefas ou operações realizadas na organização, preocupando-se em otimizar os resultados definidos no planejamento estratégico.

O planejamento operacional, observa Chiavenato (1999), tem como foco o curto prazo e se preocupa em responder duas questões relacionadas às atividades cotidianas da organização: "o que fazer" e "como fazer".

> **COMENTÁRIO**
>
> Enquanto o planejamento tático se preocupa com a obtenção de resultados satisfatórios, a questão central do planejamento operacional é otimizar e maximizar esses resultados.

O planejamento operacional, segundo Caravantes, Panno e Kloeckner (2005), tem perspectiva temporal sempre inferior a um ano. Os planos operacionais estão voltados para a eficiência, ou seja, colocam sua ênfase nos meios. A eficácia, ou a ênfase nos fins, é de responsabilidade dos níveis institucional e intermediário da organização. Segundo Chiavenato, no fundo, os planos operacionais cuidam da administração da rotina para assegurar que todos executem as tarefas e as operações de acordo com os procedimentos estabelecidos pela organização, a fim de que esta possa alcançar os seus objetivos (1999:231).

Chiavenato (1999) aponta a existência de quatro tipos de plano operacional.

Procedimentos

Os procedimentos consistem nos passos que devem ser seguidos para execução de um plano, realização das tarefas previstas e alcance das metas estabelecidas. De forma sintética, os procedimentos podem ser definidos como subplanos de planos mais abrangentes. Eles funcionam como guia para as ações da organização, contribuindo para eliminar custos com verificações constantes.

Os procedimentos também são usados para delegar às pessoas a autoridade necessária para a tomada de certas decisões, respeitando-se os limites impostos pela administração. Os procedimentos são padronizados e formalizados, transformando-se, portanto, em rotinas organizacionais. Os procedimentos geralmente se expressam sob a forma de fluxogramas – gráficos que mostram a sequência dos procedimentos ou das rotinas (Chiavenato, 1999).

Orçamentos

Planos operacionais relacionados a dinheiro, os orçamentos consistem em gráficos com itens financeiros e temporais. Em nível operacional, sua extensão é geralmente de cerca de um ano. O orçamento operacional se refere a questões como despesas departamentais, encargos sociais e custos com manutenção de máquinas e equipamentos, por exemplo (Chiavenato, 1999).

Programas

Programas são planos operacionais que correlacionam duas variáveis: tempo e atividades a serem realizadas.

Os principais tipos de programa são:

- cronograma – mostra, sob a forma de gráfico, o que vai ser realizado e em qual período de tempo;
- gráfico de Gantt – as colunas são predeterminadas em semanas, dispensando o uso de calendário para execução das atividades programadas;
- PERT (Program Evaluation Review Technique) – técnica que permite o acompanhamento e a avaliação do progresso de programas e projetos, considerando-se os padrões de tempo predeterminados. Possibilita que sejam adotadas ações corretivas imediatas (Chiavenato, 1999).

Regulamentos

Os regulamentos procuram restringir a decisão pessoal em situações que podem ser previamente previstas, tais como os regulamentos internos das organizações destinados a estabelecer regras de comportamento para os empregados, delimitar as áreas onde é permitido fumar e difundir ações preventivas para evitar acidentes (Chiavenato, 1999).

CONCEITO-CHAVE

Os regulamentos são um plano operacional que detalha como os integrantes da organização devem se comportar em determinadas situações.

> **CASO DE REFERÊNCIA**
> **O QUARTEL-GENERAL DA CENTRUM**
>
> Antigamente, muitas empresas se inspiravam no modelo militar de organização centralizada e hierarquizada, em que todas as estratégias e decisões eram formuladas e tomadas exclusivamente pela cúpula da organização.
>
> Tudo era decidido confidencialmente no QG da empresa, e todas as pessoas eram meras executoras dessas decisões, sem saber exatamente quais os destinos desejados para a organização.
>
> Contudo, o mundo mudou rapidamente, e José Monteiro percebeu que o modelo burocrático e hierarquizado adotado por sua empresa tinha sido totalmente ultrapassado pelas mudanças, principalmente nas últimas décadas. Apesar de sua idade avançada – Monteiro tem mais de 75 anos –, ele dirige com mão de ferro as empresas que fundou e que conseguiu fazer crescer ao longo de muitos desafios e dificuldades de todos os tipos.
>
> Não se pode dizer que a Centrum seja mal-administrada. Na verdade, ela é extremamente centralizada e verticalizada para uma época em que a maioria das organizações bem-sucedidas é horizontalizada e descentralizada. Monteiro sabe que precisa mudar. Apenas não sabe exatamente onde e como. Ele precisa de ajuda e orientação para os tempos modernos.
>
> *Extraído de Chiavenato (1999:364).*

Organização

Organizar significa dispor os recursos organizacionais da forma mais adequada para que os objetivos estratégicos sejam alcançados.

Os três conceitos básicos da organização são:

- criar ou desenhar tarefas;
- agrupar essas tarefas;
- delegar a autoridade necessária para que essas tarefas sejam executadas.

Uma segunda função administrativa é a organização. De acordo com Megginson, Mosley e Pietri (1998), organizar pode se referir:

- à estrutura formal usada pela administração para uso eficaz dos seus recursos financeiros, físicos, materiais e humanos;
- à forma como a organização agrupa suas atividades e define a autoridade de cada administrador;
- à maneira como se inter-relacionam as funções, os cargos, as tarefas e os empregados da organização;
- à forma como os administradores subdividem as tarefas em seus respectivos departamentos e delegam a autoridade necessária para a sua execução.

Organização nos três níveis organizacionais

A organização é uma função administrativa presente tanto no nível institucional quanto nos níveis intermediário e operacional. Embora o processo seja o mesmo para todos os administradores – estruturar as atividades de forma a atingir os objetivos da organização –, a função de organizar apresenta diferentes configurações em cada nível, conforme resumido no quadro 4.

QUADRO 4: A ORGANIZAÇÃO NOS TRÊS NÍVEIS ORGANIZACIONAIS

Nível organizacional	Organização	Conteúdo	Amplitude
Institucional	Desenho organizacional	Genérico e sintético	Macro-orientado Aborda a organização como uma totalidade
Intermediário	Desenho departamental	Menos genérico e mais detalhado	Aborda cada unidade organizacional separadamente
Operacional	Desenho de cargos e tarefas	Detalhado e analítico	Micro-orientado Aborda cada operação separadamente

Fonte: Chiavenato (1999:366).

Estrutura organizacional

CONCEITO-CHAVE

A estrutura organizacional define como as atividades são divididas e coordenadas, assim como a distribuição de autoridade e de responsabilidades dentro da organização.

A estrutura organizacional é representada por um gráfico, chamado de organograma. No organograma são mostradas as seguintes informações (Chiavenato, 1999; Maximiano, 2000):

- divisão do trabalho – como as responsabilidades estão divididas dentro da organização e quais são as responsabilidades de cada unidade de trabalho;
- comunicação ou cadeia de comando – como as unidades de trabalho se inter-relacionam e quem é subordinado a quem;
- autoridade, responsabilidade e delegação – quem tem mais autoridade, no topo da hierarquia, e quem tem menos, na base da hierarquia.

Amplitude de controle

A hierarquia é apenas um dos componentes da estrutura organizacional. Outros dois componentes da estrutura organizacional são amplitude de controle e características de centralização/descentralização.

A amplitude de controle refere-se ao número de empregados que se reportam a um administrador. O número de empregados que se reportam a um administrador cresce à medida que o controle se torna mais amplo. E diminui à medida que ele se torna mais restrito. A amplitude de controle determina se a estrutura organizacional será alta ou achatada.

COMENTÁRIO

Verticalizadas, as organizações altas têm muitos níveis de administração, organizados sob a forma de pirâmide.

Organizações altas

Nas organizações altas, os administradores têm mais contato com os subordinados – a amplitude do controle mostra-se mais estreita – e há mais oportunidades para promoções, uma vez que existem muitos degraus na escala hierárquica.

Em contrapartida, a comunicação tende a ser lenta e imprecisa neste tipo de organização. As decisões também tendem a ser mais demoradas (Chiavenato, 1999).

Organizações achatadas

Horizontalizadas, as organizações achatadas têm poucos níveis administrativos e a base dos níveis administrativos encontra-se próxima do topo da organização. Nesse tipo de organização, a comunicação tende a ser rápida e pouco distorcida. As decisões podem ser tomadas com mais agilidade e as pessoas da base se sentem mais próximas da cúpula da administração. Contudo, as possibilidades de promoção são limitadas pela existência de poucos níveis hierárquicos (Chiavenato, 1999).

> **TEORIA NA PRÁTICA A PARTIR DO CASO DE REFERÊNCIA**
>
> Pelas informações de que dispõe sobre a Centrum, você imagina que ela seja uma organização alta ou achatada? Por quê?

Centralização e descentralização

Uma característica da estrutura organizacional é o seu grau de centralização ou descentralização. Quanto mais centralizada é a organização, mais o processo de decisão se concentra na cúpula.

A centralização tende, também, à racionalização de custos, já que a área de compras, por exemplo, ao centralizar os pedidos, tem melhores condições de negociar descontos com os fornecedores. Já na organização descentralizada o processo de decisão se dispersa ao longo da estrutura hierárquica. A organização centralizada tende a ter mais agilidade para tomar decisões. Também é propícia a estimular a criatividade e a independência de quem se encontra nos níveis hierárquicos de base (Chiavenato, 1999).

COMENTÁRIO

A centralização facilita o controle e a coordenação das atividades e de recursos da organização.

ADMINISTRAÇÃO GERAL

TEORIA NA PRÁTICA A PARTIR DO CASO DE REFERÊNCIA DA CENTRUM

Do ponto de vista da administração, o que a Centrum deve fazer para se adequar aos tempos modernos? Justifique.

CASO DE REFERÊNCIA
ACERTOS E DESACERTOS DA LIDERANÇA

Em 1983, percebendo o perfil de liderança de um dos seus sócios mais jovens, a Jones & Jones (J&J) decidiu designá-lo para abrir um novo escritório em um subúrbio de Nova York. A empresa é uma grande firma de contabilidade e o sócio enviado a Nova York chamava-se Ron Paul. Paul era bastante orientado para tarefas; contudo, usou um estilo democrático de liderança. Ele insistiu em que o pessoal do escritório se tratasse pelo primeiro nome e encorajou os subordinados a participar das decisões.

Todos conheciam as metas e objetivos de longo prazo, mas os métodos para atingi-los não eram nada estruturados. O escritório, contudo, cresceu rapidamente, e o pessoal especializado aumentou para mais de 30, até 1988. Paul ficou conhecido como um líder e administrador muito bem-sucedido. Ele foi, então, transferido para Dallas, Texas, a fim de tentar salvar o escritório, que estava perdendo dinheiro e cujos empregados pareciam não ter capacidade nem motivação. Era o início do ano de 1989 e Paul começou usando o mesmo estilo agressivo que tinha dado certo em Nova York. Trocou imediatamente quase todo o pessoal especializado (25 pessoas).

Foram feitos planos de curto e longo prazo para o desenvolvimento de clientes, e o pessoal foi logo aumentado para atender ao crescimento esperado. Logo se chegou ao número de 40 empregados especializados. Porém, o estilo agressivo que tinha dado certo em Nova York não funcionou em Dallas. Em um ano, o escritório perdeu dois de seus melhores clientes. Para diminuir as perdas, Paul decidiu demitir 12 das pessoas que havia contratado um ano antes. Contudo, convencido de que o contratempo era passageiro, manteve sua estratégia e, nos meses seguintes, realizou novas contratações. Os novos negócios esperados não se concretizaram e, no verão de 1991, ele decidiu demitir mais 13 pessoas. Depois disso, os integrantes do escritório ficaram inseguros e passaram a questionar a liderança de Paul. Ciente do problema, a comissão executiva da J&J transferiu Paul para um escritório de Nova Jersey, onde seu estilo de liderança tem funcionado com muita eficácia.

Extraído, de forma reduzida, de Megginson, Mosley e Pietri (1998:397-398).

Liderança

Liderança é a função administrativa destinada a modelar o comportamento dos integrantes da organização. Os líderes podem ser autocráticos, democráticos ou liberais. Sua liderança pode ser orientada para as tarefas ou para as pessoas.

> **CONCEITO-CHAVE**
>
> Liderança é a capacidade que tem o administrador de influenciar as pessoas a agirem de forma a obter os resultados pretendidos pela organização (Megginson, Mosley e Pietri, 1998).

Diferentes tipos de líder

Megginson, Mosley e Pietri (1998) apontam a existência de três tipos de líder:

- autocrático – muitas vezes classificado como autoritário, toma as decisões sozinho, sem consultar seus seguidores;

- democrático ou participativo – procura envolver seus seguidores no processo de tomada de decisão. Também envolve o grupo na definição de objetivos e estratégias e na determinação das funções e dos cargos;

- liberal – muitas vezes chamado de "rédea solta", tende a ser permissivo e a deixar seus seguidores fazerem aquilo que querem.

QUADRO 5: CARACTERÍSTICAS DE CADA TIPO DE LIDERANÇA

Aspectos	Liderança autocrática	Liderança democrática	Liderança Liberal
Tomada de decisões	Apenas o líder decide e fixa as diretrizes, sem nenhuma participação do grupo.	É dada total liberdade ao grupo para tomar decisões, com mínima intervenção do líder.	As diretrizes são debatidas e decididas pelo grupo, que é estimulado e orientado pelo líder.
Programação dos trabalhos	O líder dá ordens e determina providências para a execução de tarefas, sem explicá-las ao grupo.	Participação limitada do líder. Informações e orientação são dadas desde que solicitadas pelo grupo.	O líder aconselha e dá orientação para que o grupo esboce objetivos e ações. As tarefas ganham perspectivas com os debates.
Divisão do trabalho	O líder determina a tarefa a cada um e qual seu companheiro de trabalho.	A divisão das tarefas e a escolha dos colegas são do grupo. Nenhuma participação do líder.	O grupo decide sobre a divisão das tarefas e cada membro tem liberdade para escolher os colegas.

Comportamento do líder	O líder é dominador e pessoal nos elogios e nas críticas ao grupo.	O líder assume o papel de membro do grupo e atua somente quando é solicitado.	O líder é objetivo e limita-se aos fatos nos elogios ou críticas. Trabalha como orientador da equipe.

Fonte: Chiavenato (1999:565)

Estilos de liderança

De acordo com Maximiano (2000), há três estilos de liderança: orientada para a tarefa, orientada para pessoas e bidimensional. A eficácia de cada estilo de liderança depende do seu resultado sobre o desempenho da tarefa e a satisfação do liderado.

Liderança orientada para a tarefa

O líder tende a enfatizar o cumprimento de prazos, a qualidade e o controle dos custos. Preocupa-se com o cumprimento de metas, esclarece as responsabilidades de cada um e designa tarefas para pessoas específicas.

Liderança orientada para as pessoas

O líder acredita que o processo administrativo deve criar um clima confortável para as pessoas. Tende a enfatizar as relações humanas e o desenvolvimento da capacidade de trabalho em equipe. É amigável e apoia, ouve e presta atenção em seus liderados.

Liderança bidimensional

Procura combinar os dois estilos anteriores, considerando que tarefas e pessoas são limites de um mesmo território.

TEORIA NA PRÁTICA A PARTIR DO CASO DE REFERÊNCIA DA J&J

- Que tipo de líder é Paul? Justifique citando quais informações constantes do texto indicam o seu perfil.
- Qual é o seu estilo de liderança?
- A seu ver, por que a estratégia adotada por Paul deu certo em Nova York, mas não em Dallas?

Papéis do líder de acordo com o estilo de liderança

Papéis do líder orientado para a tarefa	Papéis do líder orientado para as pessoas
<ul><li>definição do problema para o grupo;</li><li>solicitação de fatos, ideias, sugestões ou opiniões dos integrantes do grupo;</li><li>proposição de fatos, ideias ou sugestões para o grupo;</li><li>esclarecimento de situações confusas;</li><li>proposição de exemplos;</li><li>orientação geral;</li><li>resumo das discussões;</li><li>verificação de quando se obtém uma conclusão ou consenso.</li></ul>	<ul><li>apoio às contribuições pessoais;</li><li>encorajamento através do reconhecimento;</li><li>avaliação do moral do grupo e ajuda aos membros para percebê-lo;</li><li>redução da tensão e reconciliação de conflitos e desentendimentos;</li><li>modificação de posturas e admissão de erros;</li><li>facilitação da participação dos membros;</li><li>avaliação da eficácia do grupo.</li></ul>

Fonte: Chiavenato (1999:577).

CASO DE REFERÊNCIA
CALÇADOS GAMA

A Gama é uma tradicional empresa fabricante de calçados masculinos de luxo. Nos últimos anos, a Gama vem perdendo mercado, por causa da concorrência dos importados, da perda de qualidade de seus produtos e do crescimento da concorrência nacional. Outros fabricantes locais vêm aprimorando sua qualidade e têm procurado projetar essa imagem por meio de campanhas promocionais.

A Gama está perdendo seus funcionários mais antigos, que estão se aposentando. No lugar, estão sendo colocados funcionários muito mais jovens, que precisam de treinamento e orientação contínua. Além disso, a Gama tem a política de contratar e demitir conforme as vendas oscilam. Seus proprietários acreditam que esta é uma forma de reduzir custos.

Os funcionários remanescentes da turma antiga, encarregados da supervisão, queixam-se de que os mais jovens não têm espírito de artesão. É preciso supervisionar com cuidado tudo o que fazem. A direção da Gama está resolvida a corrigir o problema. Para eles, trata-se de uma questão de controle. A qualidade e os custos poderiam ser mantidos dentro dos padrões antigos se houvesse um sistema de controle apropriado.

Extraído de Maximiano (2000:485-486).

Controle

A última função da administração é o controle que acontece antes, durante e após a realização. Segundo Caravantes, Panno e Kloeckner (2005:532), o controle consiste em "fazer que algo aconteça do modo como foi planejado". Chiavenato (1999:648), por sua vez, define controle como "a função administrativa que monitora e avalia as atividades e os resultados alcançados para assegurar que o planejamento, a organização e a direção sejam bem-sucedidos". Assim como as outras funções, o controle está presente em todos os níveis organizacionais (Chiavenato, 1999).

Nível institucional
Tem caráter estratégico, é direcionado para o longo prazo, abrange toda a organização, focaliza o ambiente externo e enfatiza a eficácia.
Nível intermediário
Tem caráter tático, horizonte de médio prazo, aborda cada departamento ou unidade organizacional e tem como foco a articulação interna.
Nível operacional
Tem caráter operacional, é voltado para o curto prazo, aborda cada tarefa ou operação, tem como foco cada processo e enfatiza a eficiência.

O controle pode ser estratégico, gerencial ou operacional:

Controle estratégico

Avalia uma estratégia formulada ou implementada. Indaga, por exemplo, se ela é consistente com as forças e fraquezas internas, se explora as oportunidade externas e reduz ameaças, se está sendo executada no momento correto.

Controle gerencial

Tem como foco a implementação dos planos táticos das unidades. Volta-se, por exemplo, em uma grande loja de departamentos para os níveis de vendas e de lucros de cada uma das unidades.

Controle operacional

Tem como objetivo garantir que as ações operacionais correspondam ao que está previsto nos planos. Concentra-se no desempenho de indivíduos, grupos e, às vezes, na performance de projetos (Caravantes, Panno e Kloeckner, 2005).

FUNÇÕES DA ADMINISTRAÇÃO | **89**

Processo de controle

Segundo Caravantes, Panno e Kloeckner (2005), são três as etapas principais do processo de controle: medição do desempenho; comparação entre o desempenho medido e os padrões; tomada de ações corretivas.

As etapas principais do processo de controle são válidas tanto para o controle de variáveis mais simples, como a produtividade dos empregados, quanto de variáveis mais sofisticadas, como a rentabilidade da organização.

Medição do desempenho

O primeiro passo do administrador é estabelecer a unidade de medida a ser usada. No caso de uma faxineira, por exemplo, essa unidade pode ser o número de janelas lavadas ou a quantidade de salas varridas em um determinado tempo.

Comparação entre o desempenho medido e os padrões

O passo seguinte é comparar essa medida com algum padrão, como o número médio de janelas e salas lavadas e varridas pelas outras faxineiras.

Tomada de ações corretivas

Após comparar o desempenho de quem ou daquilo que deseja controlar com o padrão, parte-se, caso haja necessidade, para a tomada de ações corretivas. Estas demandam a certeza de que os padrões utilizados foram estabelecidos adequadamente e de que a medição do desempenho é confiável.

Características do controle

Conforme definição de Chiavenato (1999), um sistema eficaz de controle deve contemplar:

Orientação estratégica para resultados

Deve focalizar as atividades essenciais para a organização.

Compreensão

Devem os relatórios e as estatísticas ser simples e verdadeiros.

Orientação rápida para as exceções

Deve indicar os desvios com precisão e rapidez, sugerindo as medidas adequadas para a sua correção.

Flexibilidade

Deve apresentar um julgamento passível de adaptação a novas circunstâncias e situações.

Autocontrole
Deve oferecer às pessoas envolvidas confiabilidade, boa comunicação e participação.

Natureza positiva
Deve estimular a iniciativa das pessoas e minimizar o papel das penalidades e punições.

Clareza e objetividade
Deve ser imparcial e ter como objetivo a melhoria do desempenho.

Caravantes, Panno e Kloeckner (2005) afirmam haver três tipos possíveis de controle:

Controle prévio
Acontece antes da realização do trabalho. Por meio de políticas, procedimentos e regras, os administradores procuram eliminar comportamentos capazes de provocar resultados indesejáveis. Procuram eliminar problemas já previstos.

Controle simultâneo
Acontece enquanto o trabalho é realizado e abrange tanto o desempenho dos empregados quanto o maquinário e a aparência das instalações físicas da organização.

Controle de *feedback*
Preocupa-se com o desempenho da empresa no passado. O administrador procura adotar ações corretivas com base no histórico da organização em um determinado período de tempo.

TEORIA NA PRÁTICA A PARTIR DO CASO DE REFERÊNCIA DA GAMA

- Você acha que o problema da Gama é de controle? Por quê?
- Caso você concorde com a diretoria, o que acha que deve ser feito? Caso discorde, o que propõe?

Bibliografia

CARAVANTES, Geraldo R.; PANNO, Claúdia C.; KLOECKNER, Mônica C. *Administração:* teorias e processo. São Paulo: Pearsons Prentice Hall, 2005.

CHIAVENATO, Idalberto. *Administração nos novos tempos.* São Paulo: Makron Books, 1999.

HARVEY, David. *Spaces of hope.* Berkeley: University of California Press, 2000.

MAXIMIANO, Antonio César Amaru. *Introdução à administração.* 5. ed. São Paulo: Atlas, 2000.

MEGGINSON, Leon C.; MOSLEY, Donald C.; PIETRI, Paul H. *Administração:* conceitos e aplicações. São Paulo: Harbra, 1998.

MOTTA, Fernando Cláudio Prestes. *Teoria geral da administração:* uma introdução. São Paulo: Pioneira Thomson Learning, 2000.

_____. I. G. *Teoria geral da administração.* São Paulo: Pioneira Thomson Learning, 2002.

Sobre o autor

Vicente Riccio é doutor em sociologia pelo Instituto Universitário de Pesquisas do Rio de Janeiro (Iuperj), onde estudou as relações entre mídia e ideia de justiça. Fez estágio de doutorado na Universidade de Paris-X, é mestre em ciência política pelo Iuperj e bacharel em Direito pela Universidade Federal de Juiz de Fora. Atualmente, é professor da Escola Brasileira de Administração Pública e de Empresas da Fundação Getulio Vargas (Ebape/FGV). É autor de artigos e apresentou trabalhos em diversos congressos científicos nacionais e internacionais.

Este livro foi impresso nas oficinas gráficas da Editora Vozes Ltda.,
Rua Frei Luís, 100 – Petrópolis, RJ.